Orbis

Edward de Bono

Kreatives Denken

Aus dem Amerikanischen übertragen
von Peter Hübner

Orbis Verlag

Originaltitel: Masterthinker's Handbook
Originalverlag: International Center for Creative Thinking, Inc., New York

Sonderausgabe 1992
Orbis Verlag für Publizistik GmbH, München

Satz: Uhl+Massopust, Aalen
Druck u. Einband:
Mohndruck Graphische Betriebe GmbH, Gütersloh
ISBN 3-572-00544-2

Inhalt

Vorwort

Die größte Schwierigkeit beim Denken ist das Durcheinander. Wir versuchen, uns mit zu vielen Dingen gleichzeitig zu beschäftigen. Wir brauchen ein einfaches Mittel, das uns hilft, uns jeweils auf nur einen Vorgang zu konzentrieren. Auf diese Weise können wir eine Art Landkarte aufbauen. Mit Hilfe einer solchen Karte wissen wir, wo wir uns befinden. Dann können wir ein entsprechendes Vorgehen planen.

In diesem Buch unterbreite ich einen neuen Rahmen, der es dem Denkenden erlaubt, seine Aufmerksamkeit jeweils einem Thema zu widmen. Dieser Rahmen ist nützlich im reaktiven Denken (wenn Sie mit etwas konfrontiert werden) wie auch beim aktiven Denken (wenn Sie selbst das Material entwickeln müssen).

Mir ist durchaus bewußt, daß es viele gut konzipierte Denkschemata gibt, die allerdings oft sehr kompliziert sind. In einem Buch dargestellt wirken sie überzeugend. Doch können sich nur die wenigsten Menschen alle Schritte merken, so daß solche Schemata ihre Existenz eher in Büchern fristen, als daß sie zur alltäglichen Anwendung gelangen. Deshalb ist es mein ausdrückliches Bestreben, bei der Vorlage des in diesem Werk geschilderten Rahmens etwas zu vermitteln, das äußerst einfach ist, sich leicht ins Gedächtnis einprägt und sich ebenso leicht anwenden läßt.

Ich habe den »Körper« als Rahmen gewählt, weil er immer präsent ist. Es hat sich herausgestellt, daß die Analogie des menschlichen Körpers (Knochen, Muskeln, Nerven, Fett) auch die nützlichste Weise darstellt, Denken zu betrachten. Was sind die »Knochen« – die Elemente – einer Situation? Wo liegen die »Muskeln« – die Kräfte – in diesem Denken?

Meine langjährige Erfahrung im Lehren von Denktechniken hat mich überzeugt, daß einfache Rahmen, die sinnvoll angewendet werden, sehr wirksam sein können. Der in diesem Buch vorgestellte Rahmen kann als Anleitung für Ihr eigenes Denken angewendet werden oder auch dazu, das Denken anderer zu verbessern.

1 Was ist ein Meisterdenker?

Ein Schreinermeister ist jemand, der die Kunst und das Können der Schreinerei meisterhaft beherrscht. Der Schreinermeister verfügt über die Fertigkeiten, jede in der Schreinerei anfallende Aufgabe zu lösen. Ein solcher Schreiner nimmt sich etwas vor und macht sich dann mit dem Selbstvertrauen an die Arbeit, das dem Wissen entspringt, was man tun muß und wie man es tut.

Ein Schreinermeister hat die Fertigkeiten der Schreinerei gemeistert. Ein Meisterdenker ist ein Mensch, der die Fertigkeit des Denkens gemeistert hat. Denken ist eine Fertigkeit wie jede andere auch. Sie können es meistern, genauso wie Sie die Fertigkeiten der Schreinerei, des Skifahrens, der Musik oder der Mathematik meistern können.

Viele Menschen glauben, daß Denken eine Frage der Intelligenz sei: Ist man intelligent, so wird man automatisch ein guter Denker sein. Das ist nicht so. Tatsächlich sind viele intelligente Menschen schlechte Denker, weil sie sich in der »Intelligenzfalle« fangen, die ich später beschreiben werde. Andererseits können viele Menschen, die nicht über die höchsten Intelligenzquotienten verfügen, geschickte Denker werden, vorausgesetzt, sie widmen ihre ganze Kraft diesem Ziel.

Wenn wir Denken als Fertigkeit oder Können betrachten, dann können wir unser Denken verbessern, so wie wir jede unserer Fähigkeiten durch Aufmerksamkeit und Übung verbessern können.

Der Meisterdenker ist jemand, der seine Denkfähigkeit auf eine hohe Stufe entwickelt hat. Ein solcher Meisterdenker ist in der Lage, sein Denken auf jedes gewünschte Thema zu konzentrieren, genau wie der Schreinermeister jede Aufgabe der Schreinerei anpacken kann. Der Meisterdenker verfügt über die Werkzeuge und die Methoden des Denkens. Er weiß, was zu tun ist, wann es getan werden muß und wie. Das Ergebnis ist Selbstvertrauen und Effizienz. Der Meisterdenker nimmt sich etwas vor und *weiß* bereits, daß am Schluß ein nützliches Ergebnis vorliegen wird: Das Problem wird gelöst sein, der Plan fertiggestellt, der Entwurf vervollständigt, die Entscheidung getroffen sein.

Dem Meisterdenker geht es nicht darum zu beweisen, daß er recht hat und ein anderer unrecht. Er untersucht die Dinge in objektiver Weise. Der Meisterdenker ist immer bereit zuzugeben, daß er unrecht hat. Er ist bereit, seine Unzufriedenheit mit dem Ergebnis der Denkvorgänge einzugestehen, auch wenn es sich um seine eigenen Gedanken handelt. Der Meisterdenker weiß, daß das Denken immer wichtiger ist als der Denker. Der Meisterdenker ist selbstsicher, aber nie selbstherrlich. Denken ist eine Fertigkeit, die ständig verbessert werden kann.

Der Meisterdenker ist konstruktiv und nicht destruktiv. Er ist an Lösungen interessiert und daran, Ergebnisse zu erzielen. Der Meisterdenker ist kooperativ und kann mit anderen im positiven Teilen des Denkens zusammenarbeiten.

Der Meisterdenker weiß, daß menschliche Emotionen, Gefühle und Werte essentielle Teile des Denkens sind und bezieht sie beim Entscheiden und Auswählen mit ein. Der Meisterdenker ist ein Mensch, kein Computer.

2 Wie man ein Meisterdenker wird

Wenn Sie wirklich ein Meisterdenker werden wollen, gibt es eine Anzahl bewußter Schritte, die Sie vornehmen müssen. Diese werden nachfolgend aufgeführt:

Schritt 1

Sie müssen ein Meisterdenker werden *wollen.*

Das hört sich selbstverständlich an, doch ist es das nicht. Nur sehr wenige Menschen wollen wirklich Meisterdenker werden. Die meisten Menschen glauben, daß ihr Denken so gut ist, daß sie nichts daran zu ändern haben. Auch meinen sie, daß es nichts gibt, was ihnen jemand zusätzlich beibringen könnte. Beim Denken herrscht eine Menge Selbstzufriedenheit vor. Dann gibt es die Menschen, die nur daran interessiert sind, Diskussionen zu führen und zu beweisen, daß sie recht haben. Für sie ist Denken lediglich ein Instrument ihres Ego. Solche Menschen wollen keine Meisterdenker werden, weil ein Meisterdenker seine Denkfähigkeit in objektiver Weise anwenden muß – auch wenn das bedeutet, daß man sich im Unrecht befindet.

Schritt 2

Sie müssen sich auf das Denken *konzentrieren.*

Dies ist zugegebenermaßen schwierig. Wir atmen, gehen, reden und denken. Doch konzentrieren wir uns eigentlich nicht auf diese Aktivitäten. Sie geschehen einfach. Es ist nicht nötig, daß wir uns jedes Schrittes bewußt sind, den wir machen, oder jedes Atemzugs. In gleicher Weise benutzen wir unser Denken, während wir den täglichen Routinebeschäftigungen nachgehen. Wir halten nie inne, um zu überlegen, was wir tun. Wir konzentrieren uns nicht auf unser Denken, es scheint einfach abzulaufen. Um ein Meisterdenker zu werden, müssen Sie sich jedoch auf Ihr Denken konzentrieren. Sie müssen sich selbst und andere beim Denken beobachten. Denken muß für Sie ein Bereich des Interesses werden – und dann des Könnens. Zu Beginn mag Ihnen das ungewohnt und sogar unnatürlich vorkommen, doch sehr bald würden Sie es genießen. Denken kann nicht nur nützlich sein, sondern auch Spaß machen.

Schritt 3

Sie müssen sich für das Denken *Zeit nehmen.*

Die meiste Zeit reagieren wir lediglich auf Information, die uns vorgelegt wird: in der Schule, im Fernsehen, durch Zeitungen und Zeitschriften und in unseren Gesprächen. Natürlich erfordert das alles ein gewisses Maß an Denken, aber nicht allzuviel. Meistens lassen wir die Information einfach in uns hineinfließen und hoffen, daß sich daraus zum Schluß etwas ergeben wird. Wie oft sagen Sie sich: Ich werde mir die Zeit nehmen, um darüber nachzudenken? Die Menschen denken nicht gern, weil es kompliziert und unproduktiv scheint. Wenn wir die Fertigkeit des Denkens weiterentwickeln, wird Denken leichter und erfreulicher. Dieser Vorgang unterscheidet sich in keiner Weise davon, Schwimmen, Ski- oder Radfahren zu erlernen. Das alles kommt einem am Anfang ungewohnt vor. Man muß damit weitermachen wollen.

Schritt 4

Sie benötigen einige *Denktechniken.*

Sie können jemandem befehlen zu denken. Die Person mag sich äußerst bemühen, doch es wird nicht viel geschehen. Sie können sich selbst befehlen zu denken, doch es kommt nicht viel dabei heraus. Bemühen allein genügt nicht. Wenn es genügen würde, wären wir alle Genies. Wir benötigen Denktechniken und -methoden. Wenn wir diese fleißig und gewissenhaft anwenden, erzielen wir Ergebnisse.

Der berühmte amerikanische Philosoph William James sagte einmal, daß für die meisten Menschen Denken lediglich ein neues Anordnen ihrer Vorurteile bedeute. Das ist eine sehr gute Beschreibung dessen, was meistens für Denken gehalten wird. Üblicherweise findet nicht mehr statt als eine Art aktiver Tagtraum, bei dem wir über eine Situation in der Hoffnung nachsinnen, daß es uns gelingen wird, auf eine Lösung oder einen Handlungsmodus zu stoßen. Zu anderen Zeiten wenden wir »Punkt-zu-Punkt-Denken« an, was bedeutet, daß wir uns von einem feststehenden Punkt zum nächsten bewegen und dabei alle wichtigen weiteren Wege ignorieren. Der Zweck dieses Handbuchs ist, einen Satz an Techniken für das Denken verfügbar zu machen. Im Laufe Ihres Lebens werden Sie feststellen, daß Sie verschiedene Rahmen und Techniken anwenden sollen. Immer ist da etwas, was getan werden muß, eine Denkaufgabe, die gelöst werden muß. Auf diese Weise wird Denken zu einem schrittweisen Prozeß. Wir machen einen Schritt nach dem anderen. Das ist etwas ganz anderes, als sich treiben zu lassen und zu hoffen, daß einem etwas Nützliches begegnet. Wenn Sie gelernt haben, die Techniken anzuwenden, werden Sie wissen, was zu tun ist, wenn Sie sich den Befehl geben, über etwas nachzudenken. Wenn Sie mit den Werkzeugen wirklich geschickt umgehen können, werden Sie ein Meisterdenker sein.

Schritt 5

Sie müssen Ihr Denken *üben.*

Tennis theoretisch zu verstehen oder aber selbst auf den Platz zu gehen und ein gutes Spiel zu liefern, sind zwei verschiedene Dinge. Das gleiche trifft für Skifahren, Kochen, Klavierspielen oder das Schreiben von Computerprogrammen zu. Fertigkeiten bedürfen der Übung. Je mehr Sie eine Fertigkeit üben, desto geschickter werden Sie sie einsetzen können. Für Übung gibt es keinen Ersatz. Wenn Sie ein Meisterdenker sein wollen, müssen Sie die Denkfertigkeiten üben, die in diesem Buch erläutert werden. Die hier dargestellten Techniken sind leichtverständlich, doch nur das Üben wird Ihnen das Können verschaffen, sie wirkungsvoll anzuwenden. Aus der Übung erwächst Routine und Selbstsicherheit. Routine bedeutet, daß Sie sich einer Technik rasch und gekonnt bedienen können. Selbstsicherheit bedeutet, daß Sie die Technik gemeistert haben und sie anwenden können, wann und wo immer Sie es wünschen. Selbstsicherheit bedeutet aber auch, daß Sie wissen, daß Sie am Ende ein Ergebnis erzielen werden.

Es liegt an Ihnen

Wenn Sie ein Meisterdenker werden wollen, müssen Sie diese fünf Schritte machen. Es wird erforderlich sein, sie sich des öfteren ins Bewußtsein zu rufen. Jeder einzelne Schritt ist für jeden durchführbar. Sie sind in sich einfach, aber sie verlangen Ihr Engagement. Sportler müssen immer weiter üben, obwohl sie bereits Laufen und Springen können. Was ich damit sagen will, ist, daß es mehr eine Frage des Willens als der Intelligenz ist, ein Meisterdenker zu werden.

Sie werden nicht mit einem einzigen großen Sprung zum Meisterdenker werden, sondern müssen Ihr Denken Schritt für Schritt verbessern. Sie sollten Ihren Fortschritt beobachten und stolz auf die Steigerung Ihres Könnens sein.

Ich wünsche Ihnen Erfolg! Die Welt braucht so viele Denker wie nur möglich.

3 Die Intelligenzfalle

Man stellt eine Bärenfalle auf, um Bären zu fangen. Man baut eine Elefantenfalle, um Elefanten zu fangen, und stellt eine Mausefalle auf, um Mäuse zu fangen. Die Intelligenzfalle ist eine Falle, die intelligente Leute manchmal für sich selbst aufstellen.

Warum ist es wichtig, daß Sie über die Intelligenzfalle Bescheid wissen? Nun, Sie sind vielleicht ein hochintelligenter Mensch, und Sie könnten bereits in der Falle gefangen sein. Wie ich schon erwähnt habe, halten Sie sich möglicherweise für so intelligent, daß Sie der Meinung sind, nichts über Denken lernen zu müssen. Wenn Sie aber verstanden haben, was die Intelligenzfalle ist, werden Sie erkennen, daß Intelligenz und Denken nicht das gleiche sind.

Ich verwende oft die Analogie des Automobils. Angeborene Intelligenz entspricht der Kraft des Motors und der Qualität des Fahrwerks. Denkfähigkeit entspricht dem Können des Autofahrers. Ein leistungsstarkes Auto kann schlecht gefahren werden und ein weniger hochwertiges Auto sehr gut. Intelligenz stellt das angeborene Potential des Verstandes dar. Das Können, mit dem der Verstand eingesetzt wird, nennen wir Denken. Zwar können wir an unserer angeborenen Intelligenz nicht viel ändern, aber wir können unsere Denkfähigkeit verbessern, wenn wir uns die Mühe machen.

Vielleicht halten Sie sich selbst nicht für übermäßig intelligent, haben aber manchmal mit intelligenten Menschen zu tun. Sie könnten sich dann von deren Intelligenz überwältigt fühlen und sie mit Denkfähigkeit verwechseln. Daher ist es nützlich, über die Intelligenzfalle Bescheid zu wissen.

Eine hochintelligente Person vertritt oftmals eine gewisse Ansicht zu einer Frage und wendet dann ihr Denken an, um diesen Standpunkt zu unterstützen. Das geschieht mit Argumenten, die durchaus sinnvoll sind. Doch je fähiger ein Denker ist, einen Standpunkt zu untermauern, desto weniger ist er geneigt, das anstehende Thema tatsächlich zu ergründen. Da der ursprüngliche Standpunkt aus Vorurteilen oder Gewohnheit – oder beidem – hervorgegangen sein kann, ist diese Unterlassung schlichtweg schlechtes Denken. Die Fähigkeit, einen spezifischen Standpunkt unterstützen zu können, räumt nie die Notwendigkeit aus, nach anderen Betrachtungsweisen zu suchen. Die Wahl unserer Werte und Vorstellungen macht es möglich, Beweise für praktisch jeden beliebigen Standpunkt zu konstruieren. Das einzige, was uns davor schützt, uns selbst etwas vorzumachen, ist die Fähigkeit, andere Betrachtungsweisen zu untersuchen. Zum Schluß mögen wir es vorziehen, zu unserer ursprünglichen Auffassung zurückzukehren, aber erst *nachdem* wir andere Standpunkte geprüft haben. Wir stellen also manchmal fest, daß der intelligente Mensch durch seine Fähigkeit, einen bestimmten Standpunkt verteidigen zu können, in der Falle dieses Standpunkts gefangen ist.

Hochintelligente Menschen neigen häufig zu negativem Denken. Der Grund ist, sie wissen, daß sie scharfsinnig sind, und wollen daraus ein Erfolgsgefühl erzielen; die schnellste Form des Erfolges ist, jemanden zu kritisieren und zu beweisen, daß er unrecht hat. Das bringt einen sofortigen und vollständigen Erfolg und gibt ein Gefühl der Überlegenheit. Eine konstruktive Idee vorzustellen ist weniger befriedigend, weil man nichts erreicht hat, bis man tatsächlich nachweisen kann, daß die Idee funktioniert – und das kann einige Zeit dauern –, es sei denn, es handelt sich um ein mathematisches Problem, wo sich die Antwort beweisen läßt. Negatives Denken ist natürlich ein wichtiger Teil des Denkens, aber für sich allein ist es nie ausreichend. Nur mit der Hacke bringt man keinen Garten zustande.

Intelligente Menschen, die keine Meisterdenker sind, befinden sich nicht gern im Unrecht. Ihr Ego und ihr Selbstwertgefühl bauen sich um die Intelligenz herum auf, und es fällt ihnen daher äußerst schwer, einen Fehler einzugestehen. Das bedeutet, daß solche Menschen alles nur Denkbare unternehmen, um das Eingestehen eines Fehlers zu vermeiden. Das weist auf ineffizientes Denken hin. Ein Meisterdenker gibt einen Fehler sofort zu, da sein oberstes Anliegen objektives Denken ist. Die Angst, Fehler zu begehen, hält manchen intelligenten Menschen davon ab, spekulative oder kreative Ideen hervorzubringen, weil diese sich als falsch erweisen könnten. Menschen dieses Schlages mögen es nicht, mit ihrem Denken Risiken in Kauf zu nehmen. Risiken einzugehen, ist jedoch gelegentlich ein notwendiger Teil des Denkens.

Weil der Verstand eines intelligenten Menschen überaus schnell funktioniert, faßt ein solcher Mensch Schlüsse oft sehr rasch. Manchmal ist das von Nutzen. Es kann aber auch gefährlich sein. Ein langsamerer Denker benötigt eventuell zusätzliche Informationen, bevor er einen Schluß zieht, und kann dadurch zu einem qualitativ besseren Ergebnis kommen.

Die größte Gefahr liegt jedoch vielleicht darin, daß hochintelligente Menschen (besonders wenn sie jung sind) dazu neigen, aufgrund ihrer geistigen Fähigkeiten sehr arrogant zu sein. Das ist um so bedauerlicher, weil Denken niemals ein Grund zur Überheblichkeit sein kann.

Ich will klarstellen, daß nicht alle intelligenten Menschen in der Intelligenzfalle gefangen sind. Dennoch ist die Gefahr gegeben. Wenn Sie einen leistungsstarken Wagen fahren, müssen Sie noch erheblich vorsichtiger sein als jemand, der ein weniger starkes Auto fährt. Also muß der intelligente Denker der eigenen Denkfähigkeit vielleicht einiges mehr an Aufmerksamkeit zukommen lassen. In keinem Fall sollte er annehmen, daß Intelligentsein an sich ausreicht.

Ein intelligenter Mensch, der dieses Buch durcharbeitet, mag einige der Techniken und Übungen besonders leicht anzuwenden finden. In dem Fall sollte er sie hervorragend bewältigen.

4 Aktives Denken und reaktives Denken

Aktives Denken findet statt, wenn Sie tätig werden müssen. Der Zweck dieses Denkens ist, eine Handlung vorzubereiten. Vielleicht müssen Sie entscheiden, wohin Sie im Urlaub fahren werden. Oder ein Auto streikt auf einer Fahrt, und Sie müssen sich überlegen, wie Sie es wieder fahrtüchtig bekommen. Sie möchten die Küchendecke streichen, haben aber keine Leiter: Was können Sie tun? Vielleicht wollen Sie sich beruflich selbständig machen oder eine bestehende Firma übernehmen – Sie werden dazu eine Menge Beistand von Ihrem Denken benötigen. Ihr Betrieb stellt Schreibgerät her, und Sie stellen fest, daß Ihre Preise zu hoch sind und Ihre Kundschaft zunehmend bei der Konkurrenz einkauft: Was werden Sie unternehmen? Jemand hat Ihrer Mutter eine Lüge über Sie erzählt: Wie können Sie das beweisen – und wie können Sie diese Person daran hindern, weitere Lügen zu verbreiten? Ihnen wird eine Stellung angeboten, und Sie müssen entscheiden, ob Sie sie annehmen wollen oder nicht. All diese Situationen verlangen Ihnen aktives Denken ab.

Beim (pro-)aktiven Denken stehen Ihnen nicht alle Tatsachen sofort zur Verfügung. Sie müssen herausfinden, welche Fakten Sie benötigen und woher Sie diese bekommen. Wenn Sie zum Beispiel dabei sind, sich für eine berufliche Laufbahn zu entscheiden, ist es an Ihnen auszuwählen, welche Informationen Sie brauchen. Vielleicht beschließen Sie, daß Sie mit jemandem sprechen sollten, der diese Laufbahn gewählt hat. Wenn Sie eine Würstchenbude eröffnen möchten, müssen Sie zuerst feststellen, wie Ihr Markt aussehen könnte.

Reaktives Denken ist in vielerlei Hinsicht wesentlich leichter. Es wird Ihnen etwas vorgelegt, und Sie müssen darauf reagieren. Es kann eine Seite in einem Buch sein oder ein Fernsehprogramm. Was ist Ihre Meinung dazu?

In der Schule ist der größte Teil des Denkens reaktiver Art. Sobald jemand die Schule verläßt, wird das Denken notwendigerweise meist aktiver Art sein: Jede Initiative, jeder Plan und jede Entscheidung muß künftig erarbeitet werden.

Beim reaktiven Denken wird dem Denkenden gewöhnlich eine der folgenden Fragen gestellt:

Verstehen Sie dies?
Ist dies richtig oder ist es falsch?
Können Sie diese Information organisieren oder reorganisieren?
Wie können Sie diese Information anwenden, um eine gegebene Frage zu beantworten?

Es gibt viele Fälle, bei denen aktives und reaktives Denken aufeinandertreffen. So muß zum Beispiel ein Wissenschaftler eine Situation verstehen, bevor er ein Experiment entwerfen kann. Ein Investor muß die Marktlage kennen, um eine Investitionsentscheidung treffen zu können. In der Mathematik muß man das Problem verstehen, bevor man sich mit dessen Lösung beschäftigt. Ärzte sind andauernd in der Situation, eine Mischung aus reaktivem und aktivem Denken anzuwenden.

Dieses Handbuch des Meisterdenkers befaßt sich sowohl mit dem reaktiven wie mit dem aktiven Denken. Im Verlauf des Lesens werden Sie Techniken finden, die sich gleichermaßen auf beide Arten des Denkens beziehen. An manchen Stellen wird die beschriebene Technik mehr für die eine oder die andere Denkart geeignet sein.

5 Die Techniken des Denkens

Jemanden (oder sich selbst) auffordern zu denken, ist schon ein wichtiger Schritt in die richtige Richtung. Doch er genügt nicht. Die Antwort kommt sofort zurück: Wie?

In diesem Buch werde ich eine Reihe von Denktechniken vorlegen, die zusammen eine Methode ergeben. Sie stellt nicht die einzig mögliche Methode dar. Tatsächlich habe ich anderswo verschiedene Methoden vorgelegt. Diese spezifische Methode soll in zweierlei Hinsicht sehr einfach sein:

1. Sie soll einfach zu lernen und zu behalten sein.
2. Sie soll einfach anzuwenden sein.

Die größte Schwierigkeit beim Denken ist die, daß wir nicht alles auf einmal tun können. Wir müssen unterschiedliche Denkaufgaben voneinander trennen – und wie Sie das tun können, werde ich Ihnen in diesem Buch zeigen.

Die von mir angewendete Methode nenne ich BODY FRAME THINKING (BFT) – DER KÖRPER ALS RAHMEN DES DENKENS. Bei dieser Methode unterteilen wir das Denken in verschiedene Aspekte, die mit verschiedenen Bestandteilen des Körpers korrespondieren: Knochen, Muskeln, Nerven, Fett, Haut und Gesundheit.

Knochen

Knochen sind die grundlegenden Elemente oder Komponenten. Sie sind von Dauer und verändern sich nicht. Wenn wir das »Skelett« einer Situation erkennen wollen, suchen wir ihre Basiselemente. Es gibt große und kleine Knochen – wichtige und weniger wichtige Elemente.

Muskeln

Muskeln haben mit Kraft, Bewegung und Energie zu tun. Uns geht es um die Kraft und Energie im Denken. Diese Kraft kann auf verschiedene Weise zustande kommen. Sie kann aus einer uns zugehenden Information stammen. Sie kann aus der Stärke der Logik kommen; sie kann aus Emotionen und Gefühlen entstehen. Ich gehe später auf diese und andere Arten von Kraft ein.

Nerven

Nerven haben die Aufgabe, Dinge miteinander zu verbinden und sie funktionieren zu lassen. Der menschliche Körper enthält Nervensysteme. Wenn wir also den »nervlichen« Teil des Denkens ausführen, machen wir eigentlich von Netzwerken Gebrauch, die man auf einem Blatt Papier aufzeichnen könnte. Diese Netze zeigen uns, wie wir von einem Punkt zum anderen gelangen. Es gibt vier grundsätzliche Arten von Netzwerken: das erreichende, das erforschende, das analysierende und das organisierende. Wir werden später untersuchen, wie jedes von ihnen funktioniert.

Fett

Ein gewisser Anteil an Fett ist notwendig, um dem Körper seine attraktiv gerundeten Formen zu geben. Doch übermäßiges Fett ist unnötig und schadet der Gesundheit. Im Zusammenhang mit Denken bedeutet »Fett« überflüssigen Stoff. Es kann auch Material kennzeichnen, das zwar interessant, aber nicht wesentlich für das ist, worüber wir nachdenken.

Haut

Haut ist unser Äußeres, unsere Fassade. Wir präsentieren uns anderen durch unsere Haut. Haut stellt unsere Schnittstelle mit der sichtbaren Welt dar. Im Konzept des Denkens bedeutet »Haut« die Darbietung der Ergebnisse unseres Denkens. Denken allein genügt nicht. Es genügt nicht einmal, die richtige Antwort zu finden. In den meisten Fällen müssen wir vielmehr die Ergebnisse unseres Denkens anderen präsentieren. Haut bezieht sich auf die darstellenden und kommunikativen Aspekte von Denken.

Gesundheit

Am wichtigsten ist die Gesundheit des Körpers. Bei der BFT-Methode bezieht sich »Gesundheit« auf die »Bewertung« der Ergebnisse des Denkens. Ist das Ergebnis solide? Ist es gesund? Was für einen Wert besitzt es? Ist das Ergebnis gefährlich? Ist es schwach?

Zusammenfassung

Wir müssen also bei der BFT-Methode lediglich sechs Kategorien im Auge behalten: Knochen, Muskeln, Nerven, Fett, Haut und Gesundheit. In der Praxis bilden Knochen, Muskeln und Nerven die Hauptkategorien.

6 Knochen (Denkelemente)

Wenn Sie einen Röntgenblick hätten, könnten Sie die Knochen jedes Menschen deutlich erkennen. Im übertragenen Sinne sind Knochen die Grundelemente, um die herum alles andere organisiert ist.

Wenn antike Grabstätten geöffnet werden, findet man nur Schädel und Knochen. Alles andere ist längst vergangen.

Knochen bilden das Fundament. Sie sind die Haupt- oder Grundelemente, die wesentlichsten Bestandteile.
Dem Knochenbau des Körpers entspricht analog die Struktur des Denkens.

Was sind die Hauptelemente eines Stuhls? Die Sitzfläche, der Rücken, die Beine. Wir könnten noch den Sitzkomfort hinzufügen, denn der Begriff Elemente bezieht sich nicht ausschließlich auf materielle Bestandteile.

Wir sollten uns bewußt sein, daß, wenn wir die Elemente einer Situation suchen, wir das immer von unserem eigenen Standpunkt aus sehen. Wenn Sie beispielsweise ein Stuhlhersteller sind, dann gehören zu den wichtigen Elementen eines Stuhls für Sie unter anderem auch die Produktionskosten, der Abgabepreis, der Gewinn und die Konkurrenzfähigkeit.

Was sind die Grundelemente einer Schule? Schüler, Lehrer, Lehrmittel, Unterricht und Gebäude.

Was sind die wesentlichen Bestandteile einer Küche? Der Herd, der Kühlschrank, die Arbeitsfläche, der Abfalleimer, Hängeschränke, die Spüle. Wahrscheinlich sollten wir auch Lebensmittel hinzufügen. Es gibt zwar Küchen ohne Lebensmittel (zum Beispiel in einer neuerstellten Wohnung, wo die Küche zwar komplett ist, aber noch nie benutzt wurde).

Was sind die Grundelemente einer Tür? Der Türrahmen, die Tür selbst, die Scharniere und der Griff. Wie ist es mit dem Öffnen und Schließen der Tür? Doch, auch sie gehören zu den Grundelementen.

Was sind die Grundelemente eines Bleistifts? Schlanker Holzstab, Stiftkern aus Graphit, an einem Ende gespitzt, Verwendung als Schreibutensil.

Übung

Notieren Sie die Grundelemente von jedem der folgenden Begriffe:

Supermarkt
Buch
Hund
Telefon
Lächeln
Getränkeflasche

Unterdessen wird deutlich geworden sein, daß die Grundelemente eines Objekts eine kurzgefaßte Beschreibung oder Definition sind.

Das Bestreben, die Grundelemente einer Sache ausfindig zu machen, ist natürlich nicht auf Gegenstände beschränkt, sondern bezieht sich auf jede denkbare Situation, mit der wir uns zu befassen haben.

Ein junger Mann wird bei dem Versuch erwischt, aus einem Laden Jeans zu entwenden. Was sind die Grundelemente dieser Situation? Der junge Mann, die Jeans, der Geschäftsführer, der Ladendetektiv, die Polizei, die Angst des jungen Mannes, der Zorn des Geschäftsführers.

Übung

Finden Sie die Grundelemente jeder der nachstehenden Situationen:

Ein Geschäftsmann versucht zu entscheiden, welchen Computer er kaufen soll.
Eine junge Frau rammt mit ihrem Wagen das Heck eines Taxis.
Ein Freund lädt Sie zu einer Party ein.
Ein Freund lädt Sie nicht zu seiner Geburtstagsfeier ein.
Ein Politiker schüttelt Ihnen die Hand und bittet Sie, ihm Ihre Wählerstimme zu geben.

Der einfachste Weg, die Grundelemente einer Situation herauszufinden, ist, die Frage zu stellen: Welches sind die Dinge, über die wir bei dieser Situation nachzudenken haben? Hier nennen wir sie Elemente, doch könnten wir sie ebensogut Faktoren, Merkmale, Bestandteile, Aspekte usw. nennen.

Wenn Sie das Prinzip des Herausfindens der Grundelemente einer beliebigen Situation erfaßt haben, können Sie zum nächsten Schritt übergehen. Dieser behandelt *große Knochen* und *kleine Knochen*.

Große Knochen (Kernelemente), kleine Knochen (sonstige Elemente)

Der menschliche Körper enthält große Knochen wie den Femur im Oberschenkel und den Humerus im Oberarm. Das Rückgrat besteht aus einer Anzahl kleinerer Knochen, den Wirbeln, die wie eine Art Kette aneinandergereiht und durch Knorpelmasse voneinander getrennt sind. Die Hände und Füße enthalten viele kleine Knochen, die so arrangiert sind, daß sie spezielle Funktionen ermöglichen. Die Rippen könnten wir als mittelgroße Knochen bezeichnen.

Analog gibt es in einem Objekt oder in einer Situation Elemente, die wesentlich wichtiger sind als andere. Entscheidend ist dabei nicht immer die Größe. Wenn Sie beispielsweise vor der eigenen Tür stehen und sich ausgeschlossen haben, ist der Haustürschlüssel ein wichtiges Element, obwohl er recht klein ist. Gleichermaßen ist die Gewehrkugel, die jemanden verletzt, ein wichtiges Element, obwohl sie selbst klein ist. Im Zusammenhang mit Denken bezieht sich der Begriff *groß* auf die Bedeutung.
In einem Auto ist der Motor ein wichtiges Element, wie auch das Lenkrad und die Räder. Die Klimaanlage und die Sitzbezüge sind es nicht.

Bei dieser Analogie von großen Knochen und kleinen Knochen geht es um das Konzept der Prioritäten. Manche Dinge sind wichtiger als andere. Es gibt in einer Situation Schlüsselelemente und andere, die weniger bedeutend sind. Ein Schlüssel- oder Kernelement zu übersehen, könnte ein gravierender Fehler sein. Von den weniger wichtigen Elementen einige nicht zu erfassen, wäre dagegen nicht von großer Bedeutung.

Die Feuerwehr rast zu einem brennenden Haus. Was sind die Kernelemente dieser Situation? Menschen, die gerettet werden müssen, Wasser, um das Feuer zu löschen, richtiges Handeln, um das Feuer einzudämmen, die Sicherheit der Feuerwehrleute, das Löschen. Wir hätten es einfacher ausdrücken können: Menschenleben bewahren und Schaden begrenzen.

Es ist völlig akzeptabel, einen Sammelbegriff anzuwenden, der mehrere andere Begriffe beinhaltet. So besagt »Menschenleben bewahren«, daß die Einwohner gerettet werden müssen und die Sicherheit der Feuerwehrleute gewährleistet werden muß. Am besten ist es, die einzelnen Kernelemente zuerst festzuhalten und dann die weniger wichtigen Elemente zu finden. Auch sollten Sie darauf achten, daß der Oberbegriff nicht so allgemein ist, daß er alles umfaßt, aber nichts mehr aussagt. Hätten wir beispielsweise gesagt, das Kernelement sei die korrekte Pflichterfüllung der Feuerwehrleute, so würde dies zwar alles umfassen, aber es sagt nichts Konkretes aus.

Übung

Suchen Sie die Kernelemente in den folgenden Begriffen heraus:

Eine Bank
Eine Fluggesellschaft
Feuermeldesysteme
Schwimmen
Zeichentrickfiguren

Die Kernelemente einer Situation herauszufinden, stellt eine der wichtigsten Denkfähigkeiten dar. Ich würde sogar so weit gehen zu behaupten, daß man kein Denker sein kann, wenn man nicht ein ausgeprägtes Geschick dafür entwickelt, in jeder Situation die Kernelemente festzustellen.

Angemerkt sei, daß man beim Überdenken einer Sache nicht zuerst alle Elemente identifiziert, um sie dann in wichtige und weniger wichtige zu unterteilen. Man bemüht sich vielmehr, die Kernelemente zuerst zu finden, und kümmert sich dann um die übrigen.

Setzen wir einmal voraus, Sie möchten sich eine fahrbare Würstchenbude zulegen, um damit Ihr Geld zu verdienen. Finden Sie die Kernelemente dieser Situation. Wenn Sie möchten, legen Sie hier eine Pause ein, und notieren Sie sich Ihre Ideen, bevor Sie weiterlesen.

Ihre Antwort könnte ungefähr wie folgt aussehen:

Gewinn: Dies ist sehr wichtig, denn ohne Gewinn könnten Sie Ihren Lebensunterhalt nicht bestreiten. Also ist dies ein Kernelement, das Sie erkennen und über das Sie nachdenken müssen, um dann Ihre Kalkulationen vorzunehmen.

Kundschaft: Wenn Sie keine Kundschaft haben, machen Sie kein Geschäft. Also müssen Sie die Kundschaft als Kernelement einordnen. Sie wird Ihre Preisgestaltung und den Standort Ihrer Würstchenbude beeinflussen.

Ausrüstung: Wie kommen Sie an die Würstchen? Können Sie sich das Gerät leisten, sie selber herzustellen? Könnten Sie es mieten? Was benötigen Sie?

Vorräte: Würstchen, Brötchen, Servietten usw. Wo werden Sie sie beziehen? Wie ist die Qualität? Was werden die Vorräte kosten?

Es gibt zwei weitere wichtige Elemente, die Sie vielleicht herausgefunden haben. Eins davon ist Werbung. Wie werden Sie die Leute über Ihre Würstchenbude und die Qualität Ihrer Ware informieren? Sie könnten überlegen, in Konzession zu arbeiten, um der Qualität gewiß zu sein. Das andere ist Testen. Gibt es einen Weg, wie Sie Ihre Vorstellung testen können, bevor Sie sich endgültig verpflichten? Könnten Sie eine Würstchenbude vorübergehend mieten und das Ganze ein paar Wochen lang ausprobieren?

In diesem spezifischen Beispiel wären noch einige »kleine Knochen« zu berücksichtigen gewesen wie: der Name der Würstchenbude, das Transportmittel, Ihre Arbeitskleidung. Garnierungseinzelheiten und Öffnungszeiten. Sie alle sind wichtig, aber weniger wichtig als die »großen Knochen« – *die Kernelemente.* Wenn Sie alles gleichermaßen wichtig behandeln, dann werden Sie nie dazu kommen, Ihr Denken auf die wichtigsten Faktoren zu konzentrieren.

Es ist Ihnen vielleicht aufgefallen, daß ich ein ziemlich wesentliches Element ausgelassen habe, nämlich die Frage der Finanzierung. Sie benötigen Kapital, um das Gerät zu beschaffen, um Vorräte anzulegen und um über die Runden zu kommen, bis sich das Geschäft trägt. Wenn Sie bereits über das nötige Geld verfügen, stellt sich diese Frage nicht. Ist das jedoch nicht der Fall, so sollte dieser Punkt unter den Kernelementen angeführt sein. Allerdings sind Gewinn und Kundschaft vorrangig. Wenn keine Kundschaft in Aussicht ist oder sich kein Gewinn erwirtschaften läßt, gibt es kein Geschäft, also brauchen Sie sich nicht mit der Frage der Kapitalbeschaffung zu beschäftigen. Andererseits, wenn gute Aussichten auf Kundschaft und Gewinn bestehen, wird es leichter sein, das nötige Geld aufzutreiben oder einen entsprechenden Partner zu finden.

Checkliste

Eine Checkliste ist ein nützliches Mittel, um Ordnung in unsere Gedanken zu bringen, wenn wir uns daranmachen, die Kernelemente einer Situation zu finden. Hier ein Beispiel:

Menschen:

Welche Leute sind involviert? Wer sind die Hauptakteure in der Situation? Wer sind die Statisten? Wer hilft Ihnen? Wer steht Ihnen eventuell entgegen? Wer ist am wichtigsten?

Material:

Um was für Anschaffungen handelt es sich? Welche Gegenstände sind erforderlich?

Beziehungen:

Wie sind die Beziehungen der Menschen untereinander und zu Ihnen? Wie sind die Wechselwirkungen zwischen den Materialteilen oder zwischen den Menschen und dem Material?

Vorteile:

Wie zeichnen sich Vorteile ab? Wo liegen die Gefahren? Wie kommen die Vorteile zustande? Wem kommen sie zugute?

Emotionen, Gefühle:

Wie sind Ihre Gefühle? Wie sind die Gefühle der anderen Beteiligten?

Ich möchte ausdrücklich betonen, daß wir uns, wenn wir die Elemente einer Situation identifizieren, nicht nur mit materiellen Faktoren befassen. Zum Beispiel, wenn Sie jemandem einen Gebrauchtwagen verkaufen. Einer der wichtigsten Faktoren könnte Argwohn sein. Der Interessent fragt sich, warum Sie den Wagen verkaufen wollen. Ist er vielleicht reparaturbedürftig? Wenn Sie sich darauf einstellen, können Sie dem Argwohn vielleicht zuvorkommen: Bieten Sie eine kurzzeitige Garantie.

Übung

Finden Sie die Kernelemente in den folgenden Situationen:

Zwei Freunde streiten sich über einen Dritten, den der eine mag, aber der andere nicht.
Die Eltern eines Mädchens wollen, daß es Klavierunterricht nimmt. Das Mädchen will aber nicht.
Sie finden eine Brieftasche voller Geld auf der Straße.
Während eines Fluges übernimmt ein Entführer die Kontrolle über den Kurs der Maschine.

Reaktives Denken

Sie werden mit Massen von Material konfrontiert. Wie ordnen Sie das Ganze ein? Wie ordnen Sie die Wirklichkeit einer Vorlesung oder eines Kurses ein, an dem Sie teilnehmen müssen?

Um Dinge verstehen zu können, müssen wir sie sortieren. Wie fangen wir das an?

Als erstes müssen wir die Dinge vereinfachen. Später werde ich auf den Begriff Fett im einzelnen zu sprechen kommen. Es ist offenkundig, daß sich die Beschaffenheit des Fettes wesentlich von der Härte der Knochen unterscheidet. Sie werden sehen, daß sich der Begriff Fett analog auf Füllwerk und Details bezieht. Füllwerk und Details verhindern die Sicht des Wesentlichen, wie beim Körper das Fett die Struktur des Knochenbaus verbergen kann. Also bemühen wir uns beim reaktiven Denken besonders, »Knochen« und »Fett« voneinander zu trennen.

Dadurch vereinfachen wir die Dinge. Haben wir erst einmal eine klare Sicht der Struktur gewonnen, dann kann unser Verständnis der Situation einsetzen.

Sie lesen das Material durch und versuchen dabei, die wesentlichen Aspekte ausfindig zu machen. Diese notieren Sie sich. Dann prüfen Sie, was Sie nun haben. Deckt es die Situation tatsächlich ab? Wahrscheinlich nicht. Vielleicht müssen Sie sich das Material nochmals vornehmen und Ihre Liste ergänzen oder abändern. Sie könnten etwas ausgelassen haben, oder einige dieser Aspekte könnten sich zu einem größeren Aspekt zusammenfassen lassen.

Überdenken Sie den folgenden Text:

»Die Erwerbslosenquote wird wahrscheinlich steigen, weil Technologie bedeutet, daß Maschinen vieles ausführen können, was bislang Menschen tun mußten. Ein Mann mit einem Schaufelbagger kann einen Graben ausheben, eine Arbeit, für die man früher sechs oder noch mehr Arbeitskräfte benötigte. Zwei Männer mit einem Mähdrescher können ein Feld abernten, wofür man früher vielleicht fünfzig Menschen benötigte. Die gleiche Entwicklung beobachten wir zunehmend im Bürobereich. Textverarbeitungsmaschinen und Computer machen immer mehr Schreibkräfte überflüssig. Information kann elektronisch übermittelt werden, statt mit der Maschine geschrieben und mit der Post verschickt werden zu müssen. Natürlich wird es neue Arbeitsplätze geben: in der Herstellung von Computern, in ihrem Vertrieb, ihrem Service und ihrer Bedienung. Doch werden diese neuen Arbeitsplätze all jene wettmachen, die verlorengehen?«

Versuchen wir nun, in diesem Text die »großen Knochen« – die Kernelemente – zu identifizieren.

Technologie ist offensichtlich ein Kernelement.

Das Verdrängen von Menschen aus ihren Arbeitsbereichen ist ein weiteres Kernelement.

Arbeitslosigkeit wird nur einmal ausdrücklich erwähnt, doch ist sie durchgehend impliziert. Wo werden die Menschen hingehen, deren Arbeitsplätze gestrichen wurden? Kann die Technologie ausreichend neue Arbeitsplätze schaffen? Dies ist ein weiteres Kernelement.

Fassen wir all das zusammen, so ergibt sich:

Die Technologie verdrängt Menschen von ihren Arbeitsplätzen, und wenn die Technologie nicht ausreichend neue Arbeitsplätze schafft, wird die Arbeitslosigkeit zunehmen.

Das ist eine einfache Übung. Doch enthält der Text eine weitere Bedeutungsebene. Sie dreht sich um die Aussage »beobachten wir zunehmend im Bürobereich«. Wir können sie als eine Schlüsselaussage hervorheben, wodurch sie zu einem Kernelement wird (wenn auch einer anderen Art – worauf ich zurückkommen werde). Es wird da angedeutet, daß wir uns bislang mit technischen Errungenschaften wie Schaufelbagger und Mähdrescher beschäftigt haben. Können wir mit der Technologie im Bürobereich klarkommen?

Es gibt zwei Arten von Kernelementen. Die eine Art ist breit gefächert, der komplexe Typ, er faßt viele Aspekte zusammen. So gesehen ist »Arbeitskräfte verdrängen« ein komplexes Kernelement, das den größten Teil des Inhalts der Mitteilung umfaßt.

Die andere Art von Kernelementen ist der Schlüsseltyp. Er ist ein Zentralpunkt, von dem ein großer Teil des Sinns dessen abhängen kann, was geschrieben wurde. Die Äußerung »beobachten wir zunehmend im Bürobereich« ein Kernelement dieser zweiten Art. Ein Scharnier ist klein, doch dreht sich auf ihm die gesamte Tür. Ohne das Scharnier gäbe es keine Tür.

Betrachten Sie bitte folgenden Textauszug:

»Das Forschungslabor entwickelte eine neue Art von Süßigkeit, die wie rotes Granulat aussah. Wenn man etwas davon auf die Zunge tat, zischte, knackte und zersprang es. Es war, als wäre der Mund mit Miniaturfeuerwerkskörpern gefüllt. Es schmeckte wohl nach Erdbeer, doch war es dieses Gefühl im Mund, das so außergewöhnlich war. Das Granulat wurde »Pop Rocks« genannt. Das Problem bestand darin, es zu testen. Wie würden Kinder darauf reagieren? Das Produkt war natürlich neu, doch was würde geschehen, wenn sich der Neuheitswert abgenutzt hatte? Es hatte keinen Sinn, eine Umfrage vorzunehmen, denn niemand kann voraussagen, wann ein Mensch einer Sache überdrüssig wird. Sollte die Firma mit großen Mengen dieses Produkts auf den Markt gehen oder es erst gründlich testen und damit riskieren, die Wirkung der Neuheit zu verpassen? Das waren schwierige Fragen.«

Neuheit ist eindeutig ein wesentliches Element.

Ebenso das Marketingproblem und der sofortige Anklang.

Zusammengefaßt wird das Problem deutlich: Wie vermarktet man ein neuartiges Produkt mit sofortigem Anklang?

Der Schlüsselpunkt ist *Langweiligkeit.* Die Gefahr der Langweiligkeit stellt das eigentliche Problem dar. Die Definition lautet also: ein neuartiges Produkt mit sofortigem Anklang, doch mit einem Marketingproblem behaftet – der Gefahr der Langweiligkeit.

Ich will nicht behaupten, daß in jedem Fall beide Arten von Kernelementen – der komplexe Typ und der Schlüsseltyp – vorhanden sind. Die komplexe Art ist immer vorhanden, weil sie die Essenz des Materials wiedergibt. Der Schlüsseltyp kann vorhanden sein oder auch nicht. Auch kann es mehr als nur ein Schlüsselelement geben.

7 Knochen: Zusammenfassung

Das Buffet ist mit Köstlichkeiten überhäuft: mehrere Arten Fleisch, Gemüse, Brot und Früchte. Sie stehen da mit dem Teller in der Hand und fragen sich, wo Sie anfangen sollen. Sie können nicht von allem etwas auf Ihren Teller laden. Sie müssen wählen, sich auf jeweils eine Sache konzentrieren. Beim Denken läuft es ebenso ab. Wir können über etwas als Ganzes nachdenken, so wie Sie das Buffet als Ganzes sehen. Doch um damit etwas anzufangen, müssen wir beginnen, uns auf die einzelnen Bestandteile zu konzentrieren. Dann können wir über eins nach dem anderen nachdenken.

Knochen sind die grundlegenden strukturellen Elemente des menschlichen Körpers. Also übertragen wir den Begriff *Knochen* analog auf die grundlegenden strukturellen Elemente dessen, worüber wir nachdenken. Der Prozeß des Herausfindens der Knochen bedeutet im übertragenen Sinn, daß wir die Basiselemente identifizieren.

Große Knochen

Diese stellen die *wichtigsten strukturellen Elemente* dar. Sie herauszufinden heißt, daß wir die Kernelemente zu erkennen versuchen. Später werden wir sehen, daß es zwei Arten von Kernelementen gibt, den komplexen und den Schlüsseltyp.

Kleine Knochen

Die »kleinen Knochen« stellen Faktoren dar, mit denen wir uns ebenfalls befassen müssen. Es ist wichtig, diese Elemente zusätzlich zu berücksichtigen, doch haben sie nicht die gleiche Bedeutung wie die Kernelemente. Manchmal sind sie so gruppiert, daß sie ein größeres Element bilden, so wie viele kleine Knochen eine Hand bilden.

Kernelemente (komplexer Typ)

Hier suchen wir die Hauptelemente. Oft können wir mehrere Dinge zu einer größeren Kategorie zusammenfassen. Diese größere Kategorie wird so zu einem Kernelement des komplexen Typs. Sie ist gewissermaßen eine Zusammenfassung von Elementen. Wenn Sie beispielsweise eine kleinere Firma etablieren wollen, wäre eines der Kernelemente, das überlegt werden muß, »Finanzen«. Dieser Sammelbegriff umfaßt Kapitalbedarf und -beschaffung.

Kernelemente (Schlüsseltyp)

Ein Kernelement dieser Art ist sehr wichtig, so wichtig sogar, daß es ein Schlüssel zur gesamten Situation ist. Wenn Sie an die Etablierung einer kleineren Firma denken, könnte ein Schlüsselelement »Gesundheit« sein. Bei schlechter Gesundheit wollen Sie vermutlich kein Vorhaben eingehen, das Sie langfristig nicht durchstehen können.

Aktives Denken

Aktives Denken bedeutet, alle Dinge herauszufinden, die wir bedenken müssen, um ein Problem zu lösen oder eine Entscheidung zu treffen. Wir müssen diese Dinge herausfinden, sie werden uns nicht präsentiert. Wir gehen bewußt so vor, daß wir zunächst die Kernelemente identifizieren und dann versuchen, alle weiteren Elemente zu finden, die berücksichtigt werden müssen.

Reaktives Denken

Reaktives Denken ist unser gedankliches Reagieren auf etwas, womit wir konfrontiert werden. Das kann ein Bericht sein, eine Nachrichtenmeldung, ein Fernsehprogramm oder die Erläuterung eines Lehrers. Wir sehen das Material zuerst nach den Kernelementen des komplexen Typs durch. Dann suchen wir nach den Kernelementen des Schlüsseltyps. Anschließend versuchen wir weitere Elemente zu identifizieren. Wenn Sie einen Bericht über ein Thema oder einen Essay verfassen sollen, werden Sie sich die Elemente vielleicht vorweg zurechtlegen und dann entscheiden, wie Sie sie zusammenstellen wollen. Das gibt Ihnen eine Struktur und ermöglicht Ihnen Konzentration bei Ihrem Denken – Sie wissen in jedem Augenblick, worüber Sie gerade nachdenken.

Beispiele

Sie können sich den wesentlichen Inhalt dieses Kapitels an den folgenden Beispielsätzen verdeutlichen:

> Ich will die Struktur dieser Situation herausfinden.
> Was erkennen Sie als die wesentlichen Punkte dieser Angelegenheit?

Laßt uns die Schlüsselbegriffe finden und uns auf sie konzentrieren.
Eine Menge Material liegt vor; was sind seine Kernelemente?
Was sind die Kernpunkte dieses Problems?
Bevor wir einen Plan erstellen, sollten wir die Schlüsselelemente auflisten.
Ich betrachte diese als die Hauptfaktoren.
Machen Sie eine Liste der Kernelemente.

Können

Der Prozeß des Herausfindens der Grundelemente einer Situation ist nicht schwer zu verstehen. Es ist jedoch schwierig, ihn wirksam in die Tat umzusetzen. Deshalb werden Sie dies so oft wie möglich üben müssen. Wenn man die Elemente nicht korrekt identifizieren kann, wird das Denken unwirksam sein.

8 Muskeln (Denkkräfte)

Zwei rauh wirkende Trucker setzen sich an einen kleinen Tisch. Alle anderen scharen sich um sie herum. Jeder der beiden stützt einen Ellbogen auf den Tisch auf, dann packen sie ihre Hände – das Armringen hat begonnen. Die Anstrengung wird in den Gesichtern deutlich, während beide Männer sich bemühen, den Arm des Gegners auf den Tisch herabzudrücken. Es ist offensichtlich, daß jeder der beiden alles an Muskeln einsetzt, was er nur kann.

Die Szene ist das Olympiastadion, und das Speerwerfen der Frauen findet gerade statt. Jede der Teilnehmerinnen packt den Speer und nimmt einen leichten Anlauf, der in einigen gestreckten Schritten endet, wonach der Speer mit der gesamten Muskelkraft der Werferin weit in die Luft geschleudert wird.

Wir alle wissen, was mit *Muskeln* gemeint ist, nämlich Energie und Kraft. Es sind unsere Muskeln, die es uns im Zusammenwirken mit unseren Knochen ermöglichen, zu gehen, zu laufen, Dinge zu heben und zu tragen oder uns überhaupt zu bewegen. Sollten unsere Muskeln stark geschwächt oder gelähmt werden, könnten wir uns kaum noch bewegen.

Wir alle kennen die Redewendung: »Welche Kraft steckt dahinter?«

In der Geschäftswelt spricht man von »Markt-Muskeln«, wenn man die Fähigkeit eines Unternehmens meint, etwas auf den

Markt zu bringen und es zu verkaufen. Das mächtige Unternehmen IBM hatte viel Zeit bei der Entwicklung seines Personalcomputers verstreichen lassen. Endlich brachte es den IBM-PC auf den Markt. Der Name und die »Markt-Muskeln« von IBM sorgten jedoch bald dafür, daß der IPM-PC Marktanteile von bis zu 30% erobern konnte.

Wie sich Knochen auf die Basiselemente einer gedanklichen Situation beziehen, so beziehen sich Muskeln auf die Kraft des Denkens. Der Meisterdenker ist bestrebt, diese Kraft herauszufinden und zu identifizieren.

Zweck

Ein wütender Mensch kann in sämtliche Richtungen um sich schlagen, ohne den Einsatz der Muskelkraft von einem Zweck leiten zu lassen. Bei einem krampfartigen Anfall werden die Muskeln angespannt und zucken, wieder ohne einen vorgegebenen Zweck. Im allgemeinen gilt jedoch, daß der Einsatz unserer Muskeln von einem Zweck geleitet wird. Wir setzen unsere Muskeln ein, um etwas zu erreichen. Jeder der beiden Trucker benutzte seine Muskeln, um zu siegen. Die Speerwerferinnen setzten ihre Muskelkraft ein, um den Speer weiter zu werfen als ihre Konkurrentinnen. IBM gebrauchte seine »Markt-Muskeln«, um seinen PC auf dem Markt zu etablieren und so viele Geräte wie möglich zu verkaufen.

Wir können es als gegeben annehmen, daß Kraft oder Muskeln üblicherweise für einen Zweck eingesetzt werden. Um also über *Muskeln* zu diskutieren, müssen wir zuerst den Zweck betrachten. Die *Kraft* eines Arguments wird angewendet, um eine Meinung durchzusetzen. Die Kraft einer logischen Reihenfolge ist darauf gerichtet, etwas zu beweisen. Die Kraft eines emotionalen Appells ist darauf gerichtet, Menschen zu überreden.

Aktives Denken

Sie bereiten sich darauf vor, etwas zu unternehmen. Sie setzen Ihr Denken ein, um es zu erreichen. Bitte definieren Sie so klar wie möglich, was Sie erreichen wollen. Was ist das Ziel Ihres Denkens? Jedes aktive Denken folgt einem Ziel. Dieses mag verborgen sein, undeutlich oder klar umrissen. Ein Meisterdenker bemüht sich, sein Ziel so deutlich er kann zu definieren.

Wenn Sie nicht wissen, wohin Sie gehen, warum sollten Sie dann erwarten, daß Sie dort ankommen?

Wir benutzen verschiedene Begriffe, um zu beschreiben, was wir tun wollen:

Ziel
Projekt
Wunsch
Absicht
Zweck
Vorhaben
Bestreben

Wir könnten untersuchen, wie sich jeder dieser Begriffe von den anderen unterscheidet und einen eigenen Platz in der Sprache hat. Für unsere Zwecke hier würde das jedoch nur Verwirrung stiften, weil wir dann auch noch die genaue Definition jedes Begriffs im Gedächtnis behalten müßten. Aus diesem Grund will ich lediglich zwei davon benutzen: Ziel und Zweck.

Was ist das Ziel unseres Denkens?
Welchen Zweck wollen wir erfüllen?

Der Meisterdenker stellt sich diese Frage recht häufig. Je klarer Sie wissen, wohin Sie wollen, um so wirksamer wird Ihr Denken sein.

Es gibt eine einfache Frage, die das Zielbewußtsein im Denken zusammenfaßt. Sie lautet:

Was wollen wir am Schluß unseres Denkens haben?

Wir wollen vielleicht eine Anzahl verschiedener Dinge am Schluß haben:

Die Lösung für ein Problem
Einen Handlungsplan
Eine Entscheidung oder Wahl
Eine neue Erfindung
Eine klar definierte Gelegenheit
Eine Schlichtung in einem Streit
Die Identität eines Verbrechers
Ein überzeugendes Argument

Wenn man einmal sein Ziel definiert hat, dann kann man die »Muskeln« des eigenen Denkens einsetzen, um das Ziel zu erreichen.

Übung

Stellen Sie dar, was bei jeder der nachstehenden Situationen Ihrer Meinung nach das Ziel des Denkenden sein könnte. Was will die betreffende Person zum Schluß haben?

Der Besitzer eines Drogeriemarkts bemerkt, daß ihm einiges aus dem Laden entwendet wird. Er verdächtigt eine Gruppe von Jungen, die oft dort ist.

Ein Mädchen erfährt, daß eine ihrer Freundinnen Gerüchte über sie verbreitet hat.

Ein Auto hat mitten in der Nacht auf einer verlassenen Landstraße eine Panne. Die Außentemperatur ist unter Null.

Ein Unternehmer sucht nach einem Namen für eine neue Kette von »Fast Food«-Restaurants, in denen Currygerichte angeboten werden.

Beim Durcharbeiten dieser Übung werden Sie feststellen, daß sie nicht ganz so leicht ist, wie sie aussieht. Was jeder der beteiligten Menschen möchte, ist deutlich genug, doch wenn es darum geht, es klar zu definieren, scheinen sich mehrere mögliche Absichten gleichzeitig anzubieten.

Wir könnten beispielsweise sagen, daß der Drogeriebesitzer das Ziel verfolgt, »weitere Verluste zu verhindern«. Wir hätten aber auch sagen können, das Ziel ist, »die Diebe zu fangen und zu bestrafen«. Oder aber er wollte »beweisen, daß es die Jungen waren«. Vielleicht meinen Sie nun, daß es unwichtig ist, wie das Ziel definiert wird. Es ist aber wichtig.

Wenn der Drogeriebesitzer das Ziel hat, Rache zu üben oder Gerechtigkeit walten zu lassen, könnte er sich eine Falle für die Jungen (oder jeden anderen Ladendieb) ausdenken. Ist sein Ziel jedoch, weitere Verluste zu verhindern, dann würde er die Jungen vielleicht besonders warnen oder auch Spiegel anbringen, die ihn den Laden besser überblicken und kontrollieren lassen.

Sie könnten natürlich auch sagen, daß der Ladenbesitzer zwei Ziele verfolgt: weitere Verluste verhindern und die Diebe bestrafen.

Bei dem Mädchen, das von den Gerüchten, die seine Freundin verbreitet, erfahren hat, könnten wir eine Anzahl von Zielen feststellen:

herausfinden, ob es stimmt
die Gerüchte unterbinden
die Freundin bestrafen, falls es zutrifft

feststellen, was wirklich vorgeht, falls es nicht wahr sein sollte
den Gerüchten entgegenwirken.

Bei dem Auto, das die Panne hatte, wären folgende Ziele möglich:

den Wagen wieder in Gang bringen
bei dem eiskalten Wetter überleben
Hilfe holen
woanders hingehen, wo es warm ist.

Wir müssen bedenken, daß es innerhalb jedes Ziels untergeordnete Ziele geben kann. Das Gesamtziel könnte beispielsweise lauten: den Wagen wieder in Gang bekommen. Darin wäre das Ziel enthalten: herausfinden, was fehlt. Ist das erledigt, so wäre das Ziel: den Fehler zu beheben. Sagen wir, das benötigt ein Stück Draht, dann wäre das nächste untergeordnete Ziel: ein Stück Draht zu finden.

Bei dem Unternehmer, der einen Namen für seine Kette von Imbißrestaurants sucht, könnten wir sagen, sein Ziel ist: einen geeigneten Namen zu finden. Als Gesamtziel trifft das zu, doch innerhalb dessen gibt es einige weitere Ziele:

einen Namen zu finden, der griffig und leicht zu behalten ist
einen Namen zu finden, der auf die Art der Speisen hinweist
festzustellen, daß der Name nicht bereits verwendet wird.

Gesamtziele:

Das Gesamtziel ist das, was wir am Schluß erreicht haben wollen. Es könnte zum Beispiel lauten, daß wir in Richtung Norden fahren wollen. Es ist immer empfehlenswert, mit dem Versuch zu beginnen, das Gesamtziel zu definieren.

Untergeordnete Ziele:

Das sind die Ziele, die wir zunächst erreichen müssen, damit das Gesamtziel erreicht werden kann. So kann es sein, daß wir, um nach Norden zu gelangen, an einer Stelle kurzfristig in südliche Richtung fahren müssen. Wenn wir uns auf einer langen Reise befinden, dann ist unser letzter Zielort unser Gesamtziel, aber die diversen Orte entlang unserer Strecke werden zu untergeordneten Zielen.

Parallele Ziele:

Dies bedeutet, daß es mehrere Ziele gibt. Ein Schriftsteller könnte zum Beispiel sagen: Ich möchte viel Geld verdienen, und ich möchte berühmt werden. Es schadet nicht, nach beidem zu streben, man muß aber bedenken, daß es wesentlich schwieriger ist, mehrere Ziele gleichzeitig zu erreichen.

Alternative Ziele:

Das bedeutet, daß wir uns verschiedene Ziele setzen, so daß wir, falls wir eins nicht erreichen, vielleicht ein anderes verwirklichen. Ein Unternehmen kauft beispielsweise eine kleinere Firma auf einem neuen Sektor und sagt sich: »Wenn das kein Erfolg wird, so haben wir zumindest lehrreiche Erfahrungen in einem neuen Bereich gewonnen.« Ein Glücksspieler könnte sagen: »Wenn ich gewinne, gut; wenn nicht, werde ich immerhin die Aufregung des Spiels genießen.«

Die Reihenfolge der Ziele:

Sie ist sehr wichtig. Wir machen eine Liste aller Ziele und ordnen sie dann in der Reihenfolge ihrer Bedeutung, wobei das wichtigste den Anfang bildet. Bei dem Beispiel des liegengebliebenen Autos wäre das wichtigste Ziel: am Leben bleiben. Notieren Sie bitte, daß das oberste Ziel nicht bedeutet, daß es als erstes vorgenommen werden muß. Das erste in dieser Situation wäre der Versuch, den Wagen wieder in Gang zu bringen.

Alle diese verschiedenen Arten von Zielen sind von Bedeutung im aktiven Denken.

Wichtig ist es, in jeder gegebenen Situation die möglichen Ziele aufzulisten. Es sind die Dinge, die Sie sich *tatsächlich* vornehmen. Wenn Sie sie aufgelistet haben, werden Sie vielleicht feststellen, daß Sie parallele Ziele, alternative Ziele oder eine Folge von Zielen haben. Sie könnten sogar sehen, daß es sich um umfassende und spezifische Ziele handelt.

In der Praxis tun Sie zwei Dinge:

1. Sie erstellen eine Liste Ihrer Ziele.
2. Sie überprüfen die Liste und verändern sie nach Wunsch.

Die Liste verändern kann bedeuten, daß Sie die Dinge in der Reihenfolge ihrer Wichtigkeit anders ordnen oder daß Sie einige Ziele weglassen.

Die Beziehung zwischen Gesamtzielen und untergeordneten Zielen verlangt aktives Denken. Wenn Sie ein Gesamtziel haben, stellen Sie vielleicht fest, daß Sie es in untergeordnete Ziele aufteilen müssen, um darüber weiter nachdenken zu können, und besonders, um handeln zu können. In anderen Fällen werden Sie finden, daß Sie gerade Ziele aufgeführt haben, die eigentlich untergeordnete Ziele sind – dann müssen Sie sich daranmachen, das Gesamtziel zu finden. Das Gesamtziel bei der Absicht, einen neuen Wagen zu kaufen, könnte beispielsweise der Wunsch sein, mit den Nachbarn Schritt zu halten.

Übung

Führen Sie die Ziele auf, die Sie sich setzen müssen, wenn Sie sich die folgenden Dinge vornehmen:

Jemanden finden, der mit Ihnen in den Skiurlaub fährt.
Einen Gebrauchtwagen kaufen.
In das Fotografieren als Hobby einsteigen.
Spenden sammeln, um die Hungersnot in Afrika zu lindern.
Einem Papagei das Sprechen beibringen.

Reaktives Denken

Es gibt einen grundsätzlichen Unterschied zwischen den Zielen des aktiven und des reaktiven Denkens. Beim aktiven Denken wissen Sie, was Sie im Sinn haben. Sie können genau sagen, was Sie erreichen wollen. Es mag etwas Mühe kosten, doch werden Sie am Schluß das Ziel Ihres Denkens definieren können. Bei reaktivem Denken können Sie nur schätzen, was das Ziel dessen ist, was geschieht. Sie lesen ein Schriftstück und versuchen, die Absicht des Autors nachzuvollziehen. Ihre Einschätzung mag den Kern treffen, oder das Ziel kann aus dem Schriftstück selbst deutlich hervorgehen, dennoch handelt es sich um eine Schätzung. Sie können einem Ablauf zusehen und versuchen zu erraten, welche Absicht ihm zugrunde liegt.

Ein Mädchen läßt sich eine Punkfrisur schneiden und färben. Was ist ihre Absicht dabei? Vielleicht langweilte sie die alte Frisur. Vielleicht wollte sie ihrem Freund beweisen, daß sie Temperament hat. Vielleicht wollte sie ihre Eltern schockieren. Vielleicht wollte sie mit ihrem Freundeskreis mithalten. Vielleicht wollte sie ihren Ruf forcieren, trendbewußt zu sein. Sie könnten das Mädchen fragen und dennoch nicht die richtige Antwort erhalten.

Also sollten wir beim reaktiven Denken eigentlich von »möglichen« oder »vermutlichen« Zielen sprechen.

Weil wir uns der tatsächlichen Absicht nicht sicher sein können, müssen wir eine Anzahl von Möglichkeiten überdenken. Wenn wir sie überdacht haben, dann können wir uns daranmachen, sie zu überprüfen.

Man muß sich immer darüber klar sein, daß beim reaktiven Denken das Zielbewußtsein weniger ausgeprägt sein kann als beim aktiven Denken, wo wir tatsächlich bemüht sind, etwas zu bewirken.

»Beschreibung« wäre ein legitimes Ziel eines Autors. Vielleicht versucht er einfach das zu beschreiben, was er sieht oder erfahren hat. Dies sollte das Ziel von Zeitungsreportern oder Fernsehjournalisten sein. Oft können wir jedoch feststellen, daß der Autor versucht, uns von etwas zu überzeugen oder uns etwas in einem gewissen Licht sehen lassen will.

Wenn uns solches Material präsentiert wird, können wir uns einfach die Frage stellen:

Welches Gefühl, welche Überzeugung will der Autor des Materials uns vermitteln?

Übung

Legen Sie die möglichen Absichten hinter jeder der folgenden Situationen dar:

Jemand, den Sie noch nie mochten, bemüht sich außerordentlich, Ihnen gegenüber freundlich zu sein.
In einem Magazinartikel behauptet der Autor, er hätte einen kleinen grünen Außerirdischen getroffen und gesprochen.
Die Polizei ist in Ihrem Stadtteil neuerdings in zunehmendem Maße aktiv.

Ein Politiker erklärt in einer Rede, der Arbeitslosenanteil unter Heranwachsenden sei viel zu hoch.
Der Präsident der Vereinigten Staaten stimmt einem Treffen mit dem sowjetischen Staatschef zu.

Übung

Welchen Zweck verfolgt Ihrer Meinung nach der Autor des folgenden Berichts:

»Den Japanern sagt man nach, daß sie bei IQ*-Tests zehn Punkte mehr erzielen als Menschen europäischer Abstammung. Sie scheinen disziplinierter zu sein und härter zu arbeiten. Die Exportleistung Japans ist so groß, daß eine positive Handelsbilanz mit den größten Teilen der restlichen Welt besteht, ausgenommen vielleicht bei Öl und einigen Rohstoffen. Es werden keine Radios mehr in den* USA *hergestellt, und japanische Fahrzeuge erobern zunehmend den amerikanischen Automarkt. Sogar die Elektronikindustrie findet es immer schwerer, mit Japan zu konkurrieren. Das Steuersystem der Vereinigten Staaten ermutigt Sparen nicht, und ohne Sparkapital kann es keine Industrie-Investitionen geben. Ohne sie wird die amerikanische Industrie unweigerlich hinter die Japans zurückfallen. Wie wird die Zukunft der amerikanischen Industrie aussehen?«*

Ziel und Muskeln

Sobald wir ein klares Zielbewußtsein haben, können wir darangehen, über die »Muskeln« – die *Kräfte* – nachzudenken, die wir zu seiner Verwirklichung einsetzen können.
Was das aktive Denken betrifft, müssen wir überlegen, welche Kräfte uns selbst zur Verfügung stehen, um unser Ziel zu erreichen.

Beim reaktiven Denken versuchen wir herauszufinden, welche Kräfte ein anderer eingesetzt hat, um sein Ziel zu erreichen.

Denkkräfte

Muskeln sind Kraft. Im Denken sind viele verschiedene Arten von Kraft wirksam. Es empfiehlt sich, sie getrennt zu untersuchen.

Informationskraft

Information ist die stärkste Kraft. Wenn Sie vollständige und völlig zuverlässige Information über alles hätten, würden Sie nicht denken müssen.

Sie haben einen Zollstock und messen ein Stück Holz aus, das vor Ihnen liegt. Die Information ist aus erster Hand und zuverlässig. Sie reisen in einem anderen Land und halten einen Stecker in der Hand. Sie sehen selbst, ob er in eine Steckdose paßt.

Stoffe unterscheiden sich in ihrer Härte. Diamanten sind extrem hart, Metall ist hart, doch nicht so hart wie Diamanten. Es gibt harte Hölzer wie Teakholz und weiche Hölzer wie Kiefer. Es gibt Kunststoffe und Gummi. Letztlich könnten wir zur Wolle kommen, die äußerst weich ist. Das ergibt eine Härteskala mit Diamanten an einem Ende und Wolle am anderen. Information können wir nach einer ähnlichen Skala beurteilen. Am einen Ende haben wir harte Information, die zuverlässig und vertrauenswürdig ist. Am anderen Ende der Skala haben wir weiche Information, die unzuverlässig und vertrauensunwürdig ist.

Ich sprach bereits von Information, die Ihnen vorliegt und deren Zuverlässigkeit Sie selbst beurteilen können. Das trifft meistens zu, aber nicht immer. Menschen bilden sich manchmal Dinge ein und glauben etwas zu sehen, das in Wirklichkeit nicht da ist. Zeugen bei einem Verkehrsunfall widersprechen sich oft. Im großen und ganzen gilt jedoch, daß Dinge, die man selber überprüfen kann, als harte Information anzusehen sind. Dann gibt es Dinge, die jeder als wahr akzeptiert: Der Mount Everest ist der höchste Berg der Welt; Paris ist die Hauptstadt von Frankreich; die Concorde kann mit doppelter Schallgeschwindigkeit fliegen. Diese Dinge muß man nicht persönlich überprüft haben. Man betrachtet sie als *allgemeines Wissen*. Es gab Fälle in der Geschichte, in denen sich *allgemeines Wissen* als falsch erwiesen hat, zum Beispiel die Vorstellung, daß sich die Sonne um die Erde dreht. Doch für praktische Zwecke akzeptieren wir solches Wissen als wahr. Zu den harten Informationen gehören wissenschaftliche Daten, womit Wahrheiten gemeint sind, die von verschiedenen Wissenschaftlern geprüft wurden. Dazu gehören auch zuverlässige Statistiken. Im Idealfall sind Fakten dieser Art äußerst wertvoll. Leider läßt sich ihr Anspruch aber allzuleicht mißbrauchen. Es läßt sich leicht behaupten, daß etwas eine wissenschaftlich fundierte Tatsache ist, obwohl dies in Wirklichkeit nicht stimmt. Wenn wir die Einzelheiten der Untersuchungen oder Experimente nicht kennen, können wir nicht sicher sein, daß die Schlußfolgerungen des jeweiligen Wissenschaftlers gerechtfertigt sind. Die Untersuchung mag unsachlich durchgeführt worden oder die Meßmethode ungeeignet gewesen sein.

Dann gibt es den Glauben. Millionen von Menschen haben vielleicht die gleichen Glaubensüberzeugungen. Werden diese dadurch wahr? Es gibt viele verschiedene Glaubensaussagen; sind sie alle wahr?

Später werde ich über Glauben ausführlicher sprechen. Hier stelle ich nur seinen Wert als Informationsquelle zur Diskussion.

Wie verhält es sich mit Information, die wir von anderen erhalten? Hier haben wir es mit der Glaubwürdigkeit anderer Menschen zu tun. Auch müssen wir begreifen, daß sich Menschen beim besten Willen irren können. Vielleicht versuchen sie gar nicht, uns bewußt zu täuschen – und dennoch kann das, was sie uns mitteilen, falsch sein. Bestimmte Menschen vertreten eine Position der Autorität, wie Lehrer, Eltern, Politiker, Journalisten und Autoren. Bedeutet ihre Position, daß sie wahrscheinlich eher recht haben? Die Antwort lautet »ja«, aus mehreren Gründen. Sie bekleiden ihre Positionen wahrscheinlich, weil sie sich als zuverlässig erwiesen hatten (Eltern ausgenommen). Sie würden schnell in den Ruf der Unehrlichkeit geraten, wenn sie nicht zuverlässig wären. Sie verfügen über mehr Erfahrung (trifft bei Eltern zu), und sie sind bemüht, zuverlässig zu sein (meistens jedenfalls). Das bedeutet jedoch nicht, daß Menschen in Autoritätspositionen immer zuverlässig sind.

Auch müssen wir *Befangenheit* in Betracht ziehen. Eine Person kann in dem, was sie sagt, absolut korrekt sein – doch kann diese Person Fakten ausgelassen haben. Das ergibt dann, was man »Halbwahrheiten« nennt. Es mag stimmen, daß Joe den Jerry erschossen hat, aber vielleicht hat Jerry zuerst versucht, Joe zu erstechen.

Wir müssen jetzt den Zweck hineinbringen. Der Politiker versucht Wähler zu überreden, für ihn zu stimmen. Der Journalist bemüht sich, eine interessante (oder auch sensationelle) Geschichte zu schreiben. Wenn die Person, welche die Information liefert, einen anderen Zweck als objektive Schilderung verfolgt, dann ist die Information nicht besonders hart – sie hat nicht viel »Muskel«.

Wie steht es mit Information, die von gewöhnlichen Leuten stammt, solchen, die keine Autoritätspositionen bekleiden? Sie kann wahr sein oder auch nicht. Die Information kann ehrlich sein, ehrlich, aber fehlerhaft, ehrlich, aber unvollständig, oder sie kann bewußt falsch sein. Wir müssen in jedem Fall unser eigenes Urteil treffen. Wir tun das, indem wir zwei Fragen stellen:

1. Ist dieser Mensch in einer guten Position, uns harte Information zu geben?
2. Welchen Zweck verfolgt die Person, indem sie uns die Information gibt?

Eine Person, die sich bemüht, Ihnen ein Haus zu verkaufen, könnte unvollständige Information über den Verkehrslärm in der Nachbarschaft geben. Die Information einer Person, die Ihnen ein Mittel gegen Kahlköpfigkeit verkaufen will, könnte bezüglich der Wirksamkeit verfälscht sein.

Beurteilung von Informationskräften:

Wir können Information in solchen Situationen beurteilen, die entweder aktives oder reaktives Denken erfordern.

Beim aktiven Denken müssen wir prüfen, welche Information wir haben und wie gut sie ist. Auch müssen wir feststellen, was für weitere Information wir benötigen, und uns überlegen, wie wir sie bekommen.

Beim reaktiven Denken befassen wir uns hauptsächlich mit dem Beurteilen der Informationskraft dessen, womit wir konfrontiert werden.

Um Informationskräfte zu beurteilen, müssen wir zwei Fragen stellen:

1. Wieviel Information haben wir?
2. Wie »hart« ist diese Information?

Zusammenfassend können wir sagen, daß Quantität und Qualität der zur Beurteilung einer Situation verfügbaren Information ihren Härtegrad bestimmen.

Übung

Beurteilen Sie die Informationshärte des folgenden Textes:

»Es gab kürzlich den Bericht des Piloten einer russischen Verkehrsmaschine, daß bei einem Inlandsflug ein UFO *gesichtet worden sei. Der Pilot berichtete, ein leuchtendgrünes Objekt sei seinem Flugzeug eine Zeitlang gefolgt, bevor es mit unwahrscheinlicher Geschwindigkeit davonflog. Es wird gemeldet, daß die Radarüberwachung angab, auf den Bildschirmen zwei Objekte gesichtet zu haben. Es fanden jedoch in der Gegend keine weiteren planmäßigen Flüge statt. Die Meldung wurde von der offiziellen russischen Nachrichtenagentur verbreitet und muß daher von den zuständigen Behörden freigegeben worden sein. Einige gemeldete* UFO-*Sichtungen in den* USA *wurden als Schwindel entlarvt oder beruhten auf Sichtungen leichter Flugzeuge unter speziellen Bedingungen. Dennoch gibt es Meldungen, die nicht geklärt worden sind. In einigen Fällen wurden Sichtungen von mehreren Leuten gemeldet, die sich an unterschiedlichen Punkten befanden. Die Tatsache, daß einige Meldungen auf Irrtümern beruhten, bedeutet nicht, daß alle Meldungen dieser Art falsch sein müssen. Es gibt Tausende Millionen von Sternsystemen und jedes von ihnen kann seine eigenen Planeten haben. Auf einem solchen Planeten könnten für Leben geeignete Bedingungen vorhanden sein. Können wir glauben, daß nur auf unserem eigenen Planeten fortgeschrittenes, intelligentes Leben existiert?«*

Logikkraft

Sie ist die zweite wichtige Denkkraft. Mit Logik versuchen wir von dem, was wir wissen, zu dem zu gelangen, was wir noch nicht wissen. Oder wir bemühen uns zu beweisen, daß ein Standpunkt, den wir vertreten, »logisch« aus dem folgt, was wir mit Sicherheit wissen.

Ich will gleich darauf hinweisen, daß es die vollkommenste Form von Logik in konstruierten Systemen gibt. Wenn man ein Spiel entwirft, legt man die Regeln für das Spiel fest. Wenn man das Spiel dann spielt, muß der Logik dieser Regeln gefolgt werden. Wir haben sie immerhin zu Beginn selbst festgelegt und beschlossen, sie zu befolgen. So gibt es beispielsweise bei Monopoly eine Spielregel, daß man kein Geld erhält, wenn man auf dem Weg ins Gefängnis den Start passiert.

Wenn Sie ein System aus Zahlen und Formeln aufstellen, dann ist klar, daß in einem solchen System $2+2=4$ ist. Bei vielen konstruierten Systemen sind jedoch die Implikationen nicht offenkundig. Es kann eine Menge Denken benötigen, um die Dinge auszuarbeiten. Aber jene Implikationen sind bereits in das System eingebaut.

Wenn Sie auf einer ebenen Fläche Linien ziehen, die nicht parallel verlaufen, müssen sich die Linien irgendwo treffen. Das ist eine logische Folgerung, die sich aus der Beschaffenheit der Fläche ergibt. In einem dreidimensionalen Gebilde träfen die Linien vielleicht nicht aufeinander.

Also ist es der Zweck von Logik, das herauszufinden, was in den Dingen impliziert ist, die wir entweder konstruiert oder akzeptiert haben.

Bei mathematischen Beweisen bewegen wir uns Schritt für Schritt im Einklang mit den Regeln der Mathematik, bis wir den Beweis vollständig erbracht haben.

Ein wissenschaftlicher Beweis ist wesentlich weniger befriedigend, weil wir das Universum ja nicht »konstruiert« haben. Wir versuchen nur, so gut wir können, die variablen Eigenschaften eines gewissen experimentellen Universums zu begrenzen. Anschließend können wir dann folgendes behaupten: Unter exakt diesen Umständen wird eine Zunahme von A eine Zunahme von B zur Folge haben. Wir setzen dann Statistiken ein, um zu zeigen, daß es höchst unwahrscheinlich wäre, daß diese durch Zufall entstanden ist. Wenn wir das Experiment oft genug durchgeführt haben und auch andere Wissenschaftler zu den gleichen Ergebnissen kommen, neigen wir dazu zu sagen, daß wir wissenschaftliche Beweise haben, daß A eine Zunahme von B hervorruft. Es gibt wohlbekannte Fußangeln bei dieser Art von Beweisführung. Wir können zum Beispiel einen statistischen Zusammenhang zwischen der Zunahme der Anzahl von Kühlschränken und der Abnahme von Todesfällen bei Säuglingen nachweisen. Daraus könnten wir den Schluß ziehen, daß die Möglichkeit, Nahrungsmittel gekühlt aufzubewahren, die bakterielle Verunreinigung von Kindernahrung und somit die Sterbehäufigkeit bei Säuglingen verringert hat. Das wäre tatsächlich plausibel. Wir könnten auch folgern, daß die wachsende Anzahl von Kühlschränken auf zunehmenden Wohlstand bei mehr Menschen hinweist, die sich bessere Hygienestandards leisten können und sich außerdem besser über Säuglingspflege informieren. Es mag auch sein, daß die wohlhabendere Gesellschaft sich mehr Kühlschränke, Ärzte, Krankenhäuser und bessere medizinische Forschung leisten kann. Diese Art von Forschung ist bekanntermaßen äußerst schwierig, da es nicht möglich ist, die relevanten Faktoren wie in einem Labor zu isolieren. Wir glauben beispielsweise zu wissen, daß Rauchen Lungenkrebs hervorruft. Alle Indizien unterstützen diese Folgerung. Wir müssen das jedoch eventuell dadurch modifizieren, daß wir sagen, Rauchen ruft Lungenkrebs nur bei Menschen hervor, denen es an einem gewissen Enzym mangelt. Oder wir werden vielleicht sagen müssen, daß Rauchen gemeinsam mit einem gewissen Virus (oder einem anderen Faktor) Lungenkrebs verursacht.

Gewöhnlich haben wir es mit dem zu tun, was man *sprachliche Logik* nennen könnte. Damit ist die alltägliche Logik gemeint, die wir verwenden, wenn wir reden oder schreiben. Meistens hat sie die Form: »Wenn dies so ist, dann ergibt sich folglich das.« Das kann dahin modifiziert werden: »Wenn dies und das so ist, dann ergibt sich folglich jenes.«

Der Wagen springt morgens nicht an. Also bedienen wir uns einfacher Logik. Wenn die Batterie geladen ist, müßten die Scheinwerfer funktionieren. Die Scheinwerfer gehen an, also ist die Batterie in Ordnung. Man bemerke, daß dies nicht in umgekehrter Reihenfolge funktioniert. Gingen die Scheinwerfer nicht an, würde dies nicht unbedingt bedeuten, daß die Batterie geladen werden muß – der Batterieanschluß war locker. Verstöße gegen die Regeln der Logik können zu falschen Schlußfolgerungen führen. Es gibt viele ausgezeichnete Bücher über Logik; ich will daher hier nicht ins Detail gehen. Es gibt jedoch einige praktische Regeln, derer wir uns bewußt sein sollten.

Die erste Regel lautet, sich daran zu erinnern, daß Logik nie besser sein kann als ihr Ausgangspunkt (die Prämisse). Wenn Sie sagen: »Alle Frauen haben ein besseres Organisationstalent als Männer« und dann fortfahren: »Meine Frau sollte daher das Haushaltsbuch führen«, wäre Ihre Schlußfolgerung nicht stichhaltiger als die Aussagekraft Ihrer Prämisse. Viel zu oft achten wir auf die Qualität einer logischen Folgerung und übersehen dabei die Schwäche der Voraussetzung. Also lautet die erste Regel, der Prämisse größte Aufmerksamkeit zu schenken. Akzeptieren Sie sie? Vergessen Sie nicht, daß, wenn Sie die Voraussetzung einmal akzeptiert haben, Sie sich möglicherweise auch auf die Schlußfolgerung festgelegt haben.

Die zweite einfache Regel, die beachtet werden muß, lautet:

Ist dies eine zwingende Folgerung?

Um zu zeigen, daß etwas nicht unbedingt aus der Prämisse folgen muß, sollten wir uns Umstände vorstellen, die eine andere Möglichkeit zulassen. Wenn beispielsweise die Scheinwerfer des Autos nicht funktionieren, muß das unbedingt heißen, daß die Batterie leer ist? Nein, weil ich mir vorstellen kann, daß ein Anschlußkabel locker ist, die entsprechende Sicherung durchgebrannt ist oder die Scheinwerferbirnen ersetzt werden müssen. Was besagt der umgekehrte Fall? Wenn die Scheinwerfer aufleuchten, bedeutet das, daß die Batterie *nicht* leer ist? Wir sprechen natürlich von der ganzen Leuchtkraft, nicht nur dem Standlicht. Die Antwort lautet, daß ich mir wirklich nicht vorstellen kann, daß die Scheinwerfer mit voller Kraft bei nicht laufendem Motor leuchten würden, wenn die Batterie geladen werden müßte. Nur ganz entfernt scheint mir die Möglichkeit vorstellbar, daß mir jemand einen Trick spielen will und die Scheinwerfer an eine versteckte Batterie angeschlossen hat.

Wenn, wie in dem anderen Beispiel behauptet wird, sämtliche Frauen tatsächlich ein größeres Organisationstalent besäßen als die Männer, ist dann die Folgerung daraus, daß sie das Haushaltsbuch führen sollten? Nein, denn wir könnten uns vorstellen, daß die Frauen besser die Geschäfte führen und es den Männern überlassen sollten, einfache Dinge wie das Haushaltsbuch zu handhaben.

Traditionelle Logik muß auf Wörtern basieren wie »alle«, »nie« und »kann nicht«. Kurz gesagt, sie müssen absolut sein. Alle Papageien können sprechen lernen. Dies ist ein Papagei, also lohnt sich der Versuch, ihm das Sprechen beizubringen. Sobald wir uns vom Absoluten fortbewegen, müssen wir eine andere Art von Logik anwenden.

In der Praxis gebrauchen wir häufig Wörter wie »im allgemeinen«, »gewöhnlich« und »generell«. Sie sind nicht absolut, da sie Ausnahmen zulassen. Zum Beispiel: »Die Schwäne Englands sind im allgemeinen weiß.« Das läßt uns die Möglichkeit offen, in England gelegentlich auf einen schwarzen Schwan zu stoßen. Wir können von solchen Wörtern nie zur absoluten Sicherheit der Logik gelangen. Das Beste, was wir bieten können, wäre zu sagen, daß etwas anzunehmen, wahrscheinlich oder vielleicht nur möglich ist. Dann müssen wir es auf eine andere Weise überprüfen.

Wir könnten beispielsweise sagen: »Wenn ein Auto morgens nicht anspringt, liegt das meistens an einer leeren Batterie.« Das beweist überhaupt nichts, aber es läßt uns als ersten Schritt die Batterie überprüfen.

Die Beurteilung von Logikkräften:

Hierzu müssen wir die logische Linie darlegen, die gewählt wird. Dies muß in kleinen Schritten vorgenommen werden, also schreiben wir jeden Schritt auf. Dann überprüfen wir, ob die Schritte jeweils auseinander hervorgehen und ob die Verbindung zwangsläufig ist. Zum Schluß überprüfen wir, ob uns die Logik weiterbringt.

Im Falle des Autos, das nicht anspringen wollte, hätte die logische Linie so aussehen können:

Der übliche Grund für Startschwierigkeiten morgens ist eine entladene Batterie.
Wenn die Scheinwerfer funktionieren, kann die Batterie nicht entladen sein.
Die Scheinwerfer leuchten, also kann die Batterie nicht leer sein.

Übung

Notieren Sie die logischen Linien, die Sie in dem folgenden Text entdecken:

»Es gibt zunehmend Gewalttätigkeit innerhalb der Gesellschaft. Jede Ausgabe jeder Zeitung enthält Geschichten von Morden, Überfällen, Vergewaltigungen und Gewaltanwendung jeder Art. Auch den kleinsten Streit scheinen Leute mit Waffengewalt austragen zu wollen. Zum großen Teil mag das am Fernsehen liegen. Jugendliche sehen mehr als zwanzig Stunden pro Woche fern. In der Woche kann es bis zu 120 Morde und zahlreiche gewalttätige Handlungen im Fernsehen geben. Wenn man sich diese Dinge ansieht, muß man zu dem Schluß kommen, daß solches Verhalten für die Gesellschaft normal ist. Auch wenden in Fernsehgeschichten die Guten oder Helden genausoviel Gewalt an wie die Bösen. Sie gebrauchen sie, um über die Bösen zu siegen, doch führt das nur dazu, Gewalt tapfer und heldenhaft erscheinen zu lassen. In vielen Geschichten sind die Bösen die Polizei und der Gute ist ein unabhängiger Held, der für das Interesse der Allgemeinheit kämpft. Es heißt, daß es keine statistischen Beweise dafür gibt, daß Gewalt im Fernsehen zu vermehrter Gewalt in der Gesellschaft führt. Doch bedeutet das nur, daß es extrem schwierig sein würde, solche Dinge zu messen und nachzuweisen. Sollten wir deshalb nichts unternehmen, solange dies nicht bewiesen ist? Sollten wir in solchen Fällen nicht unserem gesunden Menschenverstand folgen? Wenn die Fernsehprogrammgestalter sagen, daß ohne Gewalt ihre Programme nicht interessant genug wären, um Zuschauer zu finden, dann können wir das umkehren. Wie wäre es mit einer »Mordsteuer« von $ 5000 pro Mord während der Hauptsendezeit, mit abgestuften Beträgen für die anderen Zeiten?«

Obwohl das Herausfinden und Untersuchen der Logiklinien vor allem ein sehr wichtiger Teil des reaktiven Denkens ist, wird es auch im aktiven Denken benötigt. Wenn Sie sich etwas vornehmen, sollten Sie auch die logischen Linien notieren, die Sie zu dem Schluß führen, daß Ihre Absichten erfolgreich sein werden.

Ein Beispiel: Sie wollen eine kleine Firma gründen, um Autos individuell zu gestalten. Ihre Logiklinien könnten so verlaufen:

1. Menschen wollen ihre Individualität zum Ausdruck bringen. In einer gleichförmigen Gesellschaft suchen sie sichtbare individuelle Ausdrucksmöglichkeiten.
2. Nicht viele Leute können es sich leisten, exotische Autos wie einen Porsche oder einen Lamborghini zu kaufen. Sie brauchen einen billigeren Weg, sich abzuheben.
3. Ein billigerer Weg wäre es, den eigenen Wagen auf exotische Weise herrichten zu lassen. Das ist tatsächlich noch individueller als ein teures Auto.
4. Wenn uns der Start gelingt, werden die echten Autofreaks aufwendige Individualisierungen für ihre Autos verlangen.
5. Wir werden nicht werben müssen, weil jede fertige Arbeit für uns wirbt, wenn sie durch die Straßen fährt.
6. Wir können bescheiden anfangen und allmählich aufbauen. Wir lassen uns jede Arbeit im voraus bezahlen.

Übung

Notieren Sie die Logiklinien in jeder der folgenden Situationen:

Sie und Ihre Freunde wollen eine Entrümpelungsfirma gründen, die anbietet, für ein Honorar Häuser und Wohnungen zu entrümpeln. Die ausrangierten Sachen gehen an die Arbeiterwohlfahrt.
Sie wollen einen Einkaufsdienst für berufstätige und ältere Menschen einrichten.

Sie müssen die Logiklinien, die Sie für sich selbst entwerfen, genauso kritisch betrachten wie die, welche von anderen aufgestellt werden. Denken Sie daran, bei der kritischen Prüfung die Stichhaltigkeit jeder logischen Linie und dann die Folgerichtigkeit der Verbindungen zwischen den Linien zu untersuchen.

Übung

Was stimmt an den folgenden Logiklinien nicht?

1. *Es herrscht eine hohe Arbeitslosenquote, besonders unter jungen Leuten.*
2. *In manchen Bereichen gibt es offene Stellen und Jobs, für die sich keine Bewerber finden.*
3. *Es muß daher zutreffen, daß die Arbeitslosen nicht wirklich arbeiten wollen.*

Emotionskraft

In der Praxis könnte dies die wichtigste Denkkraft sein, da sie diejenige ist, die am meisten eingesetzt wird. Die Emotionskraft besitzt nicht die objektive Gültigkeit der Informationskraft oder der Logikkraft, und dennoch bestimmt sie letztlich, was geschehen wird. Als Meisterdenker müssen Sie sehr geschickt im Aufdecken von Emotionskräften bei sich selbst und anderen sein.

Dies ist, was ich empfinde, und ich möchte, daß Sie es auch empfinden.

Dieser Satz faßt die Anwendung von Emotionskräften im reaktiven Denken zusammen. Sie lesen ein Schriftstück, und es wird Ihnen klar, daß der Autor eine stark emotionelle Beziehung zum Thema hat. Er bringt seine Gefühle zum Ausdruck und ist bemüht, Sie zu überzeugen, diese Gefühle zu teilen. Man kann sagen, daß das für die meisten schriftstellerischen Werke zutrifft. In fast allen Fällen soll eine Botschaft oder Überzeugung vermittelt werden. Manchmal mag sie nur angedeutet sein, doch ist sie oft auch betont vordergründig. Das ist nicht überraschend, denn Schriftsteller sind Menschen mit Gefühlen, die sie zum Ausdruck bringen möchten. Ich möchte zum Beispiel zum Ausdruck bringen, daß ich *Denken* für eine gute Sache halte.

Die Beurteilung von Emotionskräften:

Glücklicherweise ist das Beurteilen von Emotionskräften ein sehr einfacher Vorgang.

Das erste, was Sie zu tun haben, um die Emotionskraft eines Schriftstücks oder eines Vortrages zu beurteilen, ist, sich die grundlegende Frage nach dem Zweck zu stellen: Was versucht der Autor zu bewirken?
In den meisten Fällen ist die Antwort offensichtlich und könnte folgende Formen haben:
Der Autor (oder Redner) versucht zu zeigen, daß ...
Der Autor (oder Redner) versucht zu beweisen, daß ...
Der Autor (oder Redner) gibt zu erkennen, daß er dieses Thema nicht mag ...
Der Autor (oder Redner) ist offensichtlich für ...

Bitte merken Sie sich, daß das Bestreben, eine Sache mit Informationskraft oder Logikkraft zu untermauern, *kein* Einsatz von Emotionskraft ist. Diese kommt erst zum Zuge, wenn *Gefühle* zum Zwecke der Überzeugung eingesetzt werden. Bei der Beurteilung von Emotionskräften müssen wir trotzdem genau den Zweck des Materials untersuchen.

Das zweite, was man tun muß, ist, sich auf die verwendeten Adjektive und Adverbien zu konzentrieren. Bei schriftlichen Vorlagen können Sie sie einfach einkreisen und bei Vorträgen notieren. Emotionskraft ist auf Adjektive und Adverbien angewiesen, denn durch sie wird eine gewisse Geschmacksrichtung ausgedrückt. Ich behaupte nicht, daß es unmöglich ist, Emotionskraft ohne ein Übermaß an Adjektiven und Adverbien anzuwenden, nur ist es wesentlich schwieriger und seltener.

Sehen Sie sich bitte die folgende Aussage an:

»Kinder sind laut, rücksichtslos und anspruchsvoll. Ihr Ego ist übermäßig stark, und sie scheinen zu glauben, daß sich die Welt um ihre Bedürfnisse drehen sollte. Sie sind extrem selbstsüchtig. Sie sind gemein, aber erwarten, daß andere nett zu ihnen sind. Sie treten in dein Leben ein und übernehmen es. Sie sind undankbar für das, was sie bekommen, und erwarten es als selbstverständlich. Sie gehen davon, wenn es ihnen paßt. Doch kommen sie wieder, wenn sie in Schwierigkeiten sind und dich brauchen.«

Offensichtlich wurde das von jemandem geschrieben, der keine Kinder mag. Diese Abneigung kann dauerhaft sein oder lediglich eine Reaktion auf eine Enttäuschung, die der Autor durch Kinder erfahren hat. Wir können die negativen Adjektive leicht ausmachen: laut, rücksichtslos, anspruchsvoll, selbstsüchtig, gemein und undankbar. Bitte bemerken Sie, daß Emotionskraft auch ohne Adjektive und Adverbien ausgedrückt werden kann, so in den Aussagen »gehen sie davon, wenn es ihnen paßt« und »treten in dein Leben ein und übernehmen es«.

Stellen wir uns die gleiche Passage vor, geschrieben von jemandem, der Kinder liebt:

»Kinder sind energievoll, lebendig und spontan. Sie existieren als selbstberechtigte Wesen und sind nicht von der Welt, die sie umgibt, eingeschüchtert. Sie sind eigenständige Menschen. Sie verstellen sich nicht, sondern bringen ihre wahren Gefühle zum Ausdruck. Sie werden schnell zum Mittelpunkt deines Interesses, weil alles andere daneben weniger wichtig erscheint. Sie sind nicht unterwürfig und bezaubern uns durch ihre Freude und ihre Unschuld. Sie möchten gern selbständig sein, doch wissen sie, daß sie ins Nest zurückkehren können, wenn es nötig wird.«

Hier finden wir die Adjektive: energievoll, lebendig, spontan, selbstberechtigt, nicht eingeschüchtert, eigenständig, nicht unterwürfig, selbständig.

Manchmal wird ein Adjektiv durch einen Satz oder Satzteil ersetzt. Man könnte beispielsweise über jemanden sagen: »Er hat uns in der Vergangenheit hintergangen und wird das auch in Zukunft tun.« Es ist die gleiche Aussage wie: »Er ist hinterhältig.« Ein Teil der Beurteilung der Emotionskräfte besteht darin, einen Text durchzuarbeiten und zu versuchen, einige Satzteile durch Adjektive zu ersetzen. In dem Text über Kinder könnten wir beispielsweise »bringen ihre wahren Gefühle zum Ausdruck« mit einem Adjektiv wie »aufrichtig« oder »ehrlich« ersetzen. Man muß jedoch vorsichtig und objektiv sein, wenn man Adjektive in dieser Weise einsetzt. Man muß aufpassen, daß man nicht die eigenen Gefühle einbringt.

Wie stichhaltig sind Emotionskräfte?

Das ist eine sehr interessante Frage. Wie ich bereits erwähnte, basieren letztlich alle unsere Wahlen und Entscheidungen auf unseren Gefühlen. Das sollte auch so sein, denn wir sind Menschen und nicht Computer, und der Zweck von Entscheidungen ist, uns als Menschen zu dienen. Trotz dieser großen Wichtigkeit von Gefühlen sind Emotionskräfte kaum stichhaltig. Sie erlauben es dem Autor oder Redner lediglich zu sagen:

»So sind meine Gefühle zu diesem Thema.« Das ist eine Manifestation des Persönlichkeitsausdrucks. Der Leser oder Zuhörer kann das zur Kenntnis nehmen, muß aber in keiner Weise von einer solchen Gefühlsbekundung überzeugt werden. Durch Information oder Logik können Ihre Gefühle angeregt und kann dementsprechend Ihre eigene emotionelle Entscheidung beeinflußt werden. Doch seine Emotionen unmittelbar durch die Gefühle anderer verändern zu lassen, entspricht nicht der Verhaltensweise eines Meisterdenkers. Eine solche gefühlsmäßige Reaktion auf Emotionen hat zu einigen sehr inspirierenden Momenten der menschlichen Geschichte geführt, doch hat es auch zu einigen der häßlichsten Ausdrucksformen der menschlichen Natur geführt.

Das meiste von dem, was ich über Emotionskräfte gesagt habe, bezieht sich auf reaktives Denken. Als denkender Mensch hören Sie jemandem zu, oder Sie lesen etwas, das jemand geschrieben hat. So ist es zum Beispiel ratsam, beim Anhören einer politischen Ansprache sich zu bemühen, die eingesetzten Emotionskräfte zu identifizieren. Wie bei den anderen Aspekten des Denkens kann Emotionskraft aber auch im aktiven Denken eingesetzt werden.

Beim aktiven Denken können Sie sich, wenn Sie sich auf eine Aktion vorbereiten, die Frage stellen: »Welche Emotionskräfte setze ich hier ein?« Vielleicht stellen Sie dann fest, daß Sie eine geschäftliche Transaktion aus dem Wunsch nach Rache durchführen wollen. Oder Sie könnten feststellen, daß Sie durch Zorn motiviert sind. Andererseits kann es sein, daß Sie *Begeisterung* für einen Aspekt der Sache empfinden. Es heißt zum Beispiel, daß die Finanziers von Bühnenstücken am Broadway eine Menge Geld investieren, weil sie Gelegenheit suchen, die Schauspielerinnen kennenzulernen.

Die drei häufigsten Motive von Entscheidungen sind: Habgier, Angst und Faulheit. Menschen treffen Entscheidungen, weil sie habgierig oder ehrgeizig sind und mehr haben wollen (woran nichts Falsches ist). Menschen treffen Entscheidungen, weil sie vor etwas Angst haben – oder sie entschließen sich aus Angst, nichts zu unternehmen. Auch neigen Menschen dazu, Entscheidungen, die möglichst wenig Anstrengung erfordern, zu treffen, weil sie träge sind und ein ruhiges Leben haben wollen. Wann immer wir also vor einer Entscheidung stehen, sollten wir die Emotionskraft suchen, die mit jeder der Wahlmöglichkeiten verbunden ist.

Wertkraft und Glaubenskraft

Ich behandle diese beiden Denkkräfte gemeinsam, weil sie miteinander verzahnt sind. Sehr oft entstammen unsere Werte unserem Glaubenssystem. Zum Beispiel entstammt Mitleid im Westen oftmals dem christlichen Glauben und im Osten anderen Religionen.

Wertbegriffe und Glaubensvorstellungen können durch Logikkraft oder Emotionskraft zum Ausdruck gelangen. Wir sollten festhalten, daß Wertkraft und Glaubenskraft möglicherweise die stärksten Formen von Denkkraft sind. In vielen Fällen setzen sie sich über Informationskräfte und Logikkräfte hinweg. Christliche Märtyrer oder islamische Krieger gehen in dem Glauben in den Tod, daß sie im Himmel belohnt werden. Dies widerspricht der glaubensfreien menschlichen Natur.

Ich achte die verschiedenen Wert- und Glaubenssysteme. Die Rolle des Meisterdenkers ist es, die Existenz solcher Systeme anzuerkennen. Er bemüht sich dann, die Beiträge festzustellen, welche Wert- und Glaubenskraft bei einer Denkarbeit geleistet haben.
»Sie sind zu diesem Schluß gekommen, weil Sie diese Werte vertreten ...«
»Ihre Wahrnehmung basiert auf diesem Glauben ...«

»Gehe ich recht in der Annahme, daß Ihre Entscheidung auf diesen Werten basiert...?«
»Ursache dieses Streits ist der Konflikt zwischen diesen beiden Wertsystemen.«

In demokratischen Gesellschaften wird der individuellen Freiheit und Initiative sowie dem individuellen Ausdruck hoher Wert beigemessen. In zentralistischen Gesellschaften stellt das Allgemeinwohl einen höheren Wert dar als das Wohl des einzelnen. Dies bedeutet, daß das Wohlergehen des Staates von oberster Wichtigkeit ist und von ihm das Wohlergehen des einzelnen abhängt.

In den westlichen Kulturen werden das Ego und die Leistung des einzelnen stark hervorgehoben. Ein Mensch gewinnt an Ansehen und Position durch seine eigenen Leistungen. In Japan gilt das Ego nicht als Wertquelle. Im Gegenteil, Wert bildet sich aus der Fähigkeit des Menschen, sich in seine Gruppe oder sein Umfeld einzuordnen.

Ein sensibler Mensch mag den Gefühlen anderer einen hohen Wert beimessen. Eine solche Person würde nur ungern jemandem weh tun oder ihn enttäuschen. Für einen anderen Menschen mag Effizienz einen hohen Wert haben. Die erste Person könnte Schwierigkeiten haben, jemanden zu entlassen, die zweite Person hätte die nicht.

Die Beurteilung von Wert- und Glaubenskräften:

Dies ist nicht schwierig. Wir müssen lediglich zwei Fragen stellen:

1. Was sind hier die zugrundeliegenden Wert- und Glaubensvorstellungen?
2. In welcher Weise beeinflussen diese das Denken?

Worauf es hier ankommt, ist Klarstellung, und das heißt: Wir müssen die Wert- und Glaubenskräfte in einer Situation ganz klar definieren. Sobald wir diese Klarheit haben, können wir weitergehen.

Übung

Notieren Sie die Wertkritik im folgenden Text:

»Nehmen wir an, wir hätten einen Weg gefunden, das Problem der Organabstoßung zu überwinden, und wären somit in der Lage, bei jedem Patienten, der es nötig hat, eine Herzverpflanzung vorzunehmen. Das würde bedeuten, daß jeder Patient mit einem Herzfehler eine neue Lebenschance hätte, statt zum Tode verurteilt zu sein. Stellen Sie sich vor, wie Sie sich fühlen würden, wenn Sie der Ehepartner, das Kind oder der Vater/die Mutter eines solchen Patienten wären. Doch wäre eine Operation dieser Art sehr teuer und würde vielleicht DM 40 000 bis 100 000 kosten. Würde das bedeuten, daß solche Operationen nur den Reichen vorbehalten wären?
Nehmen wir jedoch weiter an, daß der Staat diesen Eingriff jedem zugänglich machen würde. Ist das die beste Verwendung dieses Geldes? Könnte es effektiver eingesetzt werden, um den Lebensstandard armer Menschen zu heben? Könnte hungernden Menschen in Afrika damit geholfen werden? Vielleicht könnte man mit den Kosten einer solchen Operation die Leben von 300 Kindern retten. Vielleicht sollten wir einen Teil der Milliarden einsparen, die für Raumfahrt und Verteidigung ausgegeben werden, um solche Herzoperationen zu finanzieren. Würde uns das einem Aggressor gegenüber verletzbar machen? Wenn wir nicht in der Lage wären, uns zu verteidigen, dann könnte unsere Lebensart bedroht sein. Bestenfalls würden einige tausend Menschen jährlich von den Operationen profitieren, doch Millionen von Menschen würden einem Risiko ausgesetzt sein.«

Wie bei der Emotionskraft trifft vieles von dem, was ich über die Wert- und Glaubenskraft gesagt habe, auf reaktives Denken zu. Es gibt aber auch ein Element, welches aktives Denken betrifft.
Wenn Sie ein Vorhaben beginnen wollen, können Sie fragen: Was sind die Werte in dieser Sache?
Es könnte sich beispielsweise herausstellen, daß Sie sich für eine Aufgabe verpflichten, die Sie finanziell hoch belohnen wird, die jedoch zur Folge hat, daß Sie nur wenig Zeit zu Hause verbringen können, daß also die Familienwerte leiden. Oder Sie könnten feststellen, daß das, was Sie vorhaben, Ihnen viel Geld einbringen wird, aber gleichzeitig anderen Menschen schadet (zum Beispiel durch vermehrte Umweltverschmutzung).

Übung

Sie leiten ein erfolgreiches Restaurant, das sich einen Ruf durch die Qualität seiner Speisen aufgebaut hat. Trotz der hohen Anzahl von Gästen erwirtschaften Sie keinen Gewinn, weil die Nahrungsmittelkosten außergewöhnlich hoch sind. Sie entdekken, daß Ihr Küchenchef ein betrügerisches Spiel treibt. Er bestellt zu große Mengen Nahrungsmittel und teilt sie mit seinem Bruder, der in einem anderen Teil der Stadt ein Restaurant besitzt. Viele Zeichen sprechen dafür, daß es so abläuft, aber Sie haben keine schlüssigen Beweise. Was sollten Sie unternehmen? Wenn Sie den Küchenchef verlieren, könnte es schwierig sein, einen ebenso guten zu finden. Auch ist er sehr temperamentvoll und schnell beleidigt.

Beurteilen Sie die Wertkräfte in dieser Situation.

Gewohnheitskraft

Dies mag als eine ungewöhnliche Art von Kraft erscheinen, doch sie ist wichtig. Sie betrifft Kontinuität, Klischees, Trägheit und etablierte Verhaltensweisen.

Es ist am leichtesten, die Dinge in der üblichen Weise zu tun.

Im Sinne des reaktiven Denkens begegnen uns Gewohnheitskräfte als klischierte Phrasen, Vorstellungen und Wahrnehmungen. Ein Redner wiederholt also einfach gängige Standardsätze und Meinungen, ohne über sie nachzudenken. An anderer Stelle bezeichne ich solche Äußerungen als vorgefertigt.

»Meinst du das wirklich, oder gibst du einfach eine gängige Meinung wieder?«

Das ist die Art von Frage, die Sie sich selbst, jemand anderem oder etwa einem Schriftsteller oder Redner stellen können. Sie werden zum Beispiel einen Vortrag anhören und durchgehend gängige Meinungen feststellen. Diese können die Form von Vorurteilen annehmen.

Beispiele dieser Art wären:

> Frauen sind zu emotional, um gute Manager zu sein.
> Wissenschaftler sind in ihre Arbeit verstrickt und unpraktisch.
> Wirtschaftsführer sind rücksichtslos.
> Die Japaner sind sehr effizient.
> Die Landbevölkerung hat solide Grundwerte.
> Die Militärausgaben sind zu hoch.
> Halbwüchsige sind emotional verwirrt.
> Biokost ist gesund.
> Werbung ist unehrlich.
> Große Sportidole sind großartige Menschen.
> Politiker sorgen nur für sich selbst.

Übung

Ergänzen Sie diese Auflistung von gängigen, vorgefertigten Meinungen mit einigen eigenen Beispielen.

Das Beurteilen von Gewohnheitskräften ist wichtig im reaktiven Denken und auch im aktiven Denken. Sie müssen erkennen, wenn jemand Klischees und Phrasen benutzt, aber Sie müssen auch den Anteil von Gewohnheitskräften in Ihrem eigenen aktiven Denken prüfen.

Sehen wir uns zuerst das aktive Denken an. Sie haben sich etwas vorgenommen und wollen den Einfluß von Gewohnheitskräften auf Ihr eigenes Denken beurteilen. Diese Gewohnheitskräfte können Sie nach folgendem Muster prüfen:

1. Prüfen Sie Ihr Denken und Ihre Pläne. Gehen Sie zu konventionell vor? Gibt es einen anderen Weg, die Dinge zu handhaben? Sollten Sie kreativer sein? Sollten Sie Alternativen suchen? Ist Ihre Betrachtungsweise zu einseitig? Beachten Sie, daß Gewohnheitskräfte das Gegenteil von Kreativität sind.

2. Bezüglich dessen, was Sie sich vorgenommen haben: Welche Gewohnheiten werden Sie zu ändern versuchen? Wo wird Trägheit oder Gewohnheit für Sie möglicherweise zum Problem? Mit welchem Widerstand gegenüber Veränderungen müssen Sie rechnen?

3. Wie können Sie Gewohnheitskräfte zum eigenen Vorteil einsetzen? Welche vorhandenen Gewohnheiten, Klischees oder Standardmeinungen können Sie sich zunutze machen? Wenn Leute vorgefaßte Meinungen haben, können Sie daraus einen Vorteil für sich ziehen?

Die Interaktion zwischen Veränderung und Gewohnheit ist von größter Wichtigkeit für jeden dynamischen Denker. Es mag ein edles Vorhaben sein, die Welt vollständig zu verändern, doch ist es praktischer, sich ein Urteil zu bilden, welche Dinge Sie verändern und welche Sie bewahren sollten.

Übung

Sie haben eine neuartige Flüssigkeit erfunden, die man auf Cornflakes und ähnliche Frühstücksflocken gießt. Die Flüssigkeit sieht wie Milch aus, ist es aber nicht. Tatsächlich besteht sie aus feingemahlenen Nüssen in Orangensaft und hat eine braune Färbung.

Bei der Marketingplanung für Ihre Erfindung notieren Sie die Punkte, bei denen Gewohnheitskräfte in Ihrem Interesse arbeiten werden, und jene, bei denen das Gegenteil der Fall sein wird.

Lassen Sie uns nun das reaktive Denken betrachten. Wie stellen wir das Vorkommen von Gewohnheitskräften in schriftlichem oder vorgetragenem Material vor?

Wir gehen in gleicher Weise vor, als wenn wir Emotionskräfte entdecken wollen. Bei schriftlichem Material kreisen wir die Äußerungen ein, die wir für Klischees halten. Bei Vorträgen notieren wir uns, was wir für gängige Meinung halten. Wir müssen für diese Dinge nur mehr Sensibilität entwickeln, dann werden wir sie leicht entdecken.

Übung

Finden Sie Beispiele von Gewohnheitskräften im folgenden Text:

»Teenager entwickeln sich zu hirnlosen Idioten. Sie sehen passiv fern. Sie hören im Radio oder auf ihren Walkmen passiv die neuesten Pophits. Sie folgen der Mode, die der Gruppenzwang diktiert. Sie kleiden sich so, wie der Gruppenzwang es bestimmt. Sie rauchen oder nehmen Drogen entsprechend dem Gruppenzwang. Sie besitzen keine Initiative. Sie denken nicht eigenständig. Sie ziehen alle in Gruppen herum und fühlen sich ohne eine Gruppe verloren. Sie glauben, daß ihre Eltern sie nicht verstehen. Sie meinen sogar, daß die Gesellschaft irgendwie für ihren Unterhalt verantwortlich ist. Gleichzeitig glauben sie, daß die Gesellschaft falsche Wertbegriffe hat und korrumpiert ist. Sie wissen nicht, was sie tun sollen, aber gleichzeitig sind sie nicht bereit, auf jemanden außer den jeweiligen Helden ihrer Gruppe zu hören.«

»Kanal«-Kraft

Wenn es einen Kanal zur Durchführung dessen gibt, was Sie tun wollen, dann können Sie diesen Kanal benutzen. Wenn ein Kanal dorthin führt, wo Sie Wasser brauchen, dann gießen Sie an einem Ende Wasser hinein, und es kommt dort wieder heraus, wo Sie es haben wollen. Das ist die Grundlage von Bewässerungssystemen.

Kanalkraft bedeutet, daß es bereits ein *Mittel* für das gibt, was Sie vorhaben. Stellen Sie sich vor, Sie arbeiten für eine Organisation, die wöchentlich 20 000 Direktwerbesendungen verschickt. Es würde Ihnen leichtfallen, dafür zu sorgen, daß jeder Sendung eine gewisse Botschaft beigelegt wird. Wenn es diesen Kanal nicht gäbe, würden Sie sich nach einer Firma umsehen, die solche Aufträge durchführt. Sie wäre dann ein weiterer Kanal. Wenn Sie sich jedoch daranmachen würden, die Aufgabe aus eigener Kraft zu lösen, würde Ihnen das sehr schwerfallen.

Wenn es eine Zeitschrift gibt, die von Menschen gekauft wird, die ferngesteuerte Modellflugzeuge bauen, dann können Sie für Ihre Fernsteuerungsprodukte in dieser Zeitschrift werben. Sie haben damit einen Kanal, über den Sie Ihre potentielle Kundschaft erreichen können. Wenn Sie jedoch einen Schraubenzieher für Linkshänder verkaufen wollen, dann hätten Sie ein Problem, weil es wohl keine Zeitschrift ausschließlich für Linkshänder gibt.

Das Vorhandensein eines Kanals gibt Ihren Aktivitäten mehr Kraft. Deshalb spreche ich von *Kanalkraft.* Mit Kanalkraft können Sie Ihre Ideen leichter verwirklichen.

In gewisser Weise sind Kanalkräfte mit Gewohnheitskräften verwandt. Kanalkräfte bedienen sich bestehender standardisierter Kanäle, so wie Gewohnheitskräfte sich bestehender standardisierter Meinungen (oder Methoden) bedienen. Bei Gewohnheitskräften müssen wir uns hüten vor vorgefertigten Meinungen, die gedankenlos angewendet werden. Bei Kanalkräften begrüßen wir bereits existierende Kanäle, weil sie uns befähigen, das zu tun, was wir tun wollen. Wenn man sich bereits vorhandener Kanäle bedienen kann, verfügt man über mehr Kraft, als wenn man selbst neue Kanäle schaffen muß.

Das Konzept der Kanalkräfte bezieht sich fast ausschließlich auf aktives Denken. Sie haben sich etwas vorgenommen. Welche Kanäle können Sie dafür benutzen?

Die Beurteilung von Kanalkräften:

Sie ist relativ leicht. Wir beschließen, was wir tun wollen, und sehen uns dann nach *bereits existierenden Kanälen* um, die es uns erleichtern können, unsere Absichten zu verwirklichen.

1. Was wollen wir erreichen?
2. Welche existierenden Kanäle können wir dafür einsetzen?

Übung

Die Telefonrechnung für Ihre Büroanschlüsse ist sehr hoch. Sie wollen feststellen, ob es möglich ist, diese Ausgaben zu verringern. Es kann sein, daß die Angestellten zu viele Privatgespräche führen oder erheblich zu lange telefonieren. Es kann auch sein, daß Unbefugte die Telefone benutzen. Welche existierenden Kanäle könnten Sie benutzen, um das Problem zu lösen?

Motivationskraft

Für das aktive Denken ist dies die wichtigste Kraft. Nichts wird je vollbracht werden, wenn keine Motivation vorhanden ist.

Motivationskraft beinhaltet Motivation, Energie, Willen, Verlangen, Antrieb und Bedürfnis.

Was ist hier die Motivation?
Wie entsteht diese Motivation?
Wie stark ist diese Motivation?
Wie können wir die Motivation verstärken?

Wenn keine Motivation vorhanden ist, dann gibt es keine Energie in einem System. Auch wenn es existierende Kanäle gibt, die verwendet werden können – ohne Energie wird nie etwas erreicht.

Bei meinen Interviews mit sehr erfolgreichen Menschen (enthalten in meinem Buch *Tactics: The Art and Science of Success*) war besonders auffällig, über wie enorme Energien sie verfügen.

Es gibt zwei Arten von Energie. Die eine ist die Basisenergie, die ein Mensch bei allem einsetzen kann, was er unternimmt. Die zweite Art ist die Motivationsenergie, die unmittelbar aus einem spezifischen Vorhaben initiiert wird. Wie motiviert sind Sie, dieses besondere Vorhaben zu unternehmen?

Bei einer gut disziplinierten Bootsmannschaft gibt der Mannschaftskapitän den Befehl, und die Crew beeilt sich, ihn auszuführen. Es ist klar, daß die Mannschaftsmitglieder motiviert sind, das Rennen zu gewinnen, und daher gehorchen. In einer gut disziplinierten Armee gibt ein Offizier den Befehl, und die Soldaten gehorchen. Hier sind Zweifel erlaubt, ob sie wirklich motiviert sind, Befehle auszuführen. Sie könnten sich ihnen innerlich sogar widersetzen. Im Sinne von Motivationskraft motiviert sie ihre Ausbildung jedoch dazu, Befehlen zu gehorchen. Motivationskräfte beziehen sich auf die Aktionsenergie, nicht auf die Gefühle, die jemand hat. Sogar ein Mensch, dem ein Befehl widerstrebt, könnte ihn kraftvoll und wirksam ausführen.

Was der Meisterdenker tun muß, ist, sich der Motivationskräfte bewußt sein, weil sie einen äußerst wichtigen Faktor in der Wirksamkeit des Denkens darstellen:

Was ist meine Motivation dafür, dies zu tun?
Wie kann diese Motivation erhalten werden?

Es ist zutreffend, daß Motivation von Emotionen, Werten und Glauben abgeleitet werden kann. Maßgebend ist für uns aber die Wirkung der Motivationskraft, nicht ihr Ursprung. Deshalb benötigt die Motivationskraft eine spezielle Kategorie für sich, und deshalb können wir sie nicht einfach den Emotions-, Wert- oder Glaubenskräften zuordnen.

Motivationskräfte beziehen sich primär auf aktives Denken. Wenn wir etwas unternehmen wollen, dann müssen wir die Motivationskräfte kennen, welche die Aktion antreiben werden.

Motivationskräfte setzen wir aber auch im reaktiven Denken ein. Aus welcher Motivation heraus schreibt eine Person diesen Text oder trägt sie diese Rede vor? Hier nähern wir uns dem Zweck, doch können wir zwischen Zweck und Motivation unterscheiden. Der Zweck bezieht sich auf das, was der Autor erreichen will, beispielsweise Sie zu seinem Standpunkt zu bekehren. Die Motivation bezieht sich darauf, warum er es unternimmt. Jemand könnte zum Beispiel bei einem speziellen Strafverfahren von einem starken Sinn für Gerechtigkeit motiviert sein. Diese Person könnte einen Artikel verfassen, um zu zeigen, daß die Polizei fahrlässig mit wichtigen Beweisen umging.

Die Beurteilung von Motivationskräften:

Wir versuchen, die zugrundeliegende Motivation oder Energie zu erkennen. Was ist die Antriebskraft?

1. Welche Motivationskräfte sind hier wirksam?
2. Wie entstehen sie?
3. Wie könnten sie verändert werden?

Die erste Frage ist die Schlüsselfrage. Wir können jedoch in besonderen Fällen zu den nächsten zwei Fragen weitergehen. Wenn wir zum Beispiel feststellen, daß die Aufnahmebereitschaft für eine neue Idee negativ zu sein scheint, dann wollen wir im Zuge unseres aktiven Denkens wissen, warum das so ist und wie wir sie besser motivieren könnten. Dies geht zwar über eine objektive Definition der Motivationskräfte hinaus, doch ist es in gewissen Fällen nützlich, Motivationsveränderungen in Betracht zu ziehen. Wenn es beispielsweise eine offensichtliche Ursache für negative Motivation gibt, können wir dies von unserem Aktionsplan streichen.

Die Untersuchung der Motivationskräfte befaßt sich nie mit der Frage, ob die Motivation selbst gerechtfertigt ist oder nicht. Der Meisterdenker nimmt die Dinge so, wie sie sind. Wenn beispielsweise Arbeiter einen neuen Chef ablehnen, akzeptiert der Denker das als gegebene Situation. Es steht nicht zur Debatte, ob die Ablehnung gerechtfertigt ist. Wege zur Veränderung der Ablehnung könnten anschließend zu einem Denkziel werden.

Übung

Beschreiben Sie die Motivationskräfte aller Beteiligten in der nachstehenden Situation:

»Eine junge Frau beschließt, Ordensschwester in einer Mission zu werden. Ihre Eltern bemühen sich, sie davon abzubringen, da sie nicht glauben, daß ihre Tochter ausreichend Gelegenheit hatte, genug vom Leben zu sehen, bevor sie ihren Beschluß faßte. Ihr Freund ist durch ihre Entscheidung sehr aufgebracht und meint, daß sie sich nicht dermaßen schuldig am Zustand der Welt fühlen sollte. Ein Lehrer sagt ihr, daß die Missionsidee falsch sei und daß eine Kultur nicht versuchen sollte, ihre Wert- und Glaubensauffassungen einer anderen Kultur aufzuzwingen. Ihr Tutor im Missionarsorden sagt ihr, daß, je schwerer ihr die Entscheidung falle, um so wertvoller diese am Ende sein werde.

Der Regierung des Landes, in dem sie vorhat zu arbeiten, mißfällt der koloniale Beigeschmack der Missionsarbeit, doch ist sie dankbar für die Schulbildung, welche die Missionare ermöglichen.«

Übung

Was sind die Motivationskräfte in folgender Situation?

Sie betreiben einen kleinen Lebensmittelladen. Sie möchten ihn länger am Abend geöffnet halten, um sich einen Vorteil gegenüber den großen Supermärkten zu verschaffen. Sie müssen dabei an Ihre Familie, Ihre Mitarbeiter, die Kundschaft und die Konkurrenz denken.

9 Muskeln: Zusammenfassung

Muskeln stellen Energie und Kraft dar.

»Muskeln« kann sich analog auf die Kraft eines Arguments beziehen.

»Muskeln« kann sich analog auch auf die Kraft beziehen, die Sie befähigen wird, das zu tun, was Sie sich vorgenommen haben.
Muskeln – Energie und Kraft – sind wichtig im reaktiven wie im aktiven Denken. Beim reaktiven Denken müssen wir die Kräfte in dem beurteilen, womit wir konfrontiert werden. Im aktiven Denken müssen wir den Energiebedarf für das einschätzen, was wir uns vorgenommen haben.

Zweck

Kraft und Energie müssen sich in eine gewisse Richtung bewegen – hin zu einem Ziel. Also müssen wir als erstes den Zweck oder das Ziel des Denkens untersuchen. Wenn es sich um aktives Denken handelt, dann stellen wir uns unser eigenes Ziel. Handelt es sich um reaktives Denken, so versuchen wir herauszufinden, welches Ziel der Urheber des Materials verfolgt.

Beim aktiven Denken fragen wir:
Was wollen wir am Schluß unseres Denkens erreicht haben?

Beim reaktiven Denken ist die Frage:
Was versucht der Urheber des Materials uns glauben oder fühlen zu lassen?

Denken Sie daran, daß es mehr als nur ein Ziel geben kann, also sollten wir sie alle notieren.

Wir sollten wissen, daß es mehrere Arten von Zielen gibt:

Gesamtziel: Was wir zum Schluß erreicht haben wollen.
Untergeordnete Ziele: Zwischenziele, die wir eventuell erreichen müssen, um zum Gesamtziel zu gelangen.
Parallele Ziele: Verschiedene Ziele, die wir gleichzeitig verfolgen.
Alternative Ziele: Ausweichmöglichkeiten, falls wir ein Ziel nicht erreichen.
Reihenfolge der Ziele: Die Auflistung der Ziele in der Reihenfolge ihrer Bedeutung.
Mögliche Ziele: Wenn wir versuchen, die Ziele anderer zu erraten.

Denkkräfte

Muskeln repräsentieren die Kraft oder Energie, mit der wir uns auf das Ziel zubewegen. Ich zähle zunächst die verschiedenen Arten auf und gebe dann eine kurze Zusammenfassung ihrer Bedeutung.

Informationskraft
Logikkraft
Emotionskraft
Wert- und Glaubenskraft
Gewohnheitskraft
»Kanal«-Kraft
Motivationskraft

Hier nun die Erläuterungen im einzelnen:

Informationskraft

Was sind die Fakten?
Was ist die Informationsbasis?
Wie hart (glaubwürdig) ist die Information?
Was ist die Quelle der Information?
Was wurde ausgelassen (Befangenheit)?
Als Schlüsselfragen kristallisieren sich:

1. Wieviel Information haben wir?
2. Wie hart ist diese Information?

Härte bezieht sich auf die Zuverlässigkeit oder Glaubwürdigkeit von Information. Das Spektrum reicht von harten Tatsachen, die wir selbst überprüfen können, bis hin zu der Weichheit von Gerüchten oder Hörensagen.

Logikkraft

Wie gehen wir von dem, was wir wissen, mit logischen Schritten zu etwas Neuem weiter?
Wie können wir nachweisen, daß unsere Schlußfolgerung logisch auf einer akzeptierten Ausgangsposition basiert?

Die beiden Schlüsselfragen lauten:

1. Was sind die Ausgangspositionen (Prämissen)?
2. Ist der nächste Schritt eine zwingende Folgerung?

In der Praxis versuchen wir die »Logiklinien« zu identifizieren und zu detaillieren. Das bedeutet eine Reihe von Aussagen, die wir notieren. Wir überprüfen dann, ob die Verbindung zwischen ihnen logisch zwingend ist. Wenn wir uns eine alternative

Erklärung vorstellen können, war unsere Logik wahrscheinlich nicht stichhaltig.

Es gibt verschiedene Arten von Logik, von der Logik der konstruierten Systeme (wie Mathematik) bis hin zur Logik der Wissenschaft und der Sprachlogik. Auch gibt es eine Logik der Wahrscheinlichkeit, bei der wir anstelle von absoluter Sicherheit Redewendungen wie »meistens« oder »im allgemeinen« verwenden.

Emotionskraft

Was sind die Gefühle und Emotionen des Autors in dieser Sache (reaktives Denken)?
Was sind unsere Gefühle und Emotionen hinsichtlich dessen, was wir erreichen wollen (aktives Denken)?

Dieser Krafttyp ist im reaktiven Denken besonders wichtig, wo der Autor die eigenen Gefühle darstellt und uns bewegen will, die gleichen Gefühle zu entwickeln.

Die Schlüsselfragen lauten:

1. Was will der Autor dieses Textes erreichen?
2. Was für Adjektive und Adverbien werden hier verwendet?

Um die Emotionskräfte zu verdeutlichen, können wir versuchen, Sätze oder Satzteile durch Adjektive zu ersetzen.

Wert- und Glaubenskraft

Diese liegen oft Handlungen und Argumenten zugrunde.
Wir versuchen, das Wertsystem und das Glaubenssystem klarzustellen, das die Basis des Denkens ist.

Die Schlüsselfragen lauten:

1. Welches Wert- oder Glaubenssystem liegt hier zugrunde?
2. Wie basiert das Denken auf diesen Wert- bzw. Glaubensvorstellungen?

Gewohnheitskraft

Diese bezieht sich auf gängige sowie vorgefertigte Meinungen, Klischees, Gewohnheiten und Muster.

Beim reaktiven Denken sind wir bestrebt, diese Standardmeinungen zu identifizieren, weil sie oft ohne Überlegung angewendet werden.

Beim aktiven Denken sind wir uns der Schwierigkeit bewußt, etablierte Gewohnheiten zu verändern, und versuchen nach Möglichkeit, solche Gewohnheiten für unsere Zwecke zu nutzen.

Die Schlüsselfragen sind:

1. Welche Standardmeinungen oder Klischees werden hier verwendet?
2. Wie werden sie eingesetzt?

»Kanal«-Kraft

Welche existierenden Kanäle gibt es für das, was wir vorhaben? Gibt es bereits etablierte Wege zu unserem Ziel?
Können wir bestehende Kanäle benutzen, oder müssen wir neue schaffen?

Dieser Krafttyp bezieht sich primär auf aktives Denken. Wir suchen bestehende Kanäle, die unseren Zwecken dienen.

Die Schlüsselfragen sind:

1. Welches sind die existierenden Kanäle, die unserem Zweck dienen?
2. Können wir diese Kanäle benutzen?

Motivationskraft

Was ist hier die Motivation?
Was ist die treibende Kraft?
Woher wird die Handlungsenergie kommen?

Im Aktionsdenken müssen wir die Motivationskraft dessen abwägen, was wir vorhaben. Beim reaktiven Denken versuchen wir, die motivierende Kraft des Autors oder Redners, mit dessen Gedanken wir uns befassen, herauszufinden.

Die Schlüsselfragen hier lauten:

1. Was ist die Motivation oder Energie in diesem Fall?
2. Wie können wir sie handhaben?

Wir versuchen nicht festzustellen, ob die Motivation gerechtfertigt ist oder nicht. Uns interessieren die gegebenen Motivationskräfte. In gewissen Fällen sind wir auch daran interessiert, sie zu verändern.

»Muskeln« – Kraft und Energie – sind ein äußerst wichtiger Teil des Denkens. Allzuoft vernachlässigen wir diesen Aspekt. Wir glauben, daß Information und ihre logischen Verbindungen genügen. Im wirklichen Leben ist das jedoch niemals der Fall. Im wirklichen Leben spielen die diversen Arten von Kraft, die hier aufgelistet sind, sehr wichtige Rollen. Aus diesem Grund muß der Meisterdenker diese Krafttypen kennen. Er muß immer bemüht sein, die Kräfte zu identifizieren, die im einzelnen Fall angewendet werden. Das gilt besonders für das reaktive Denken, ist aber auch im aktiven Denken wichtig.

10 Nerven (Denkarten)

Knochen besitzen Festigkeit und Struktur. Sie sind greifbar und verändern sich nicht.

Muskeln liefern Energie und Kraft. Sie sind die Mittel der Bewegung.

Nun kommen wir zu den *Nerven*. Sie dienen dazu, Dinge zu koordinieren und zu organisieren. Nerven aktivieren die Muskeln, die dann die Knochen in Bewegung setzen.

Nerven dienen dazu, Dinge miteinander zu verbinden.

Nerven veranlassen, daß Dinge geschehen.
Ein Nervensystem schafft Bahnen und Verbindungen.

In diesem Kapitel betrachten wir *Nerven* im weitesten Sinne als Schaffung von Verbindungen und Ingangsetzung von Dingen. Dies ist der *organisierende* Aspekt des Denkens. Hier findet der aktive Denker Techniken, die ihm helfen werden, Dinge in Gang zu bringen. Der reaktive Denker wird Organisierungsrahmen finden, die ihm helfen werden, Situationen zu verstehen.

Netzwerke

Die Nerven bilden im Körper ein Netzwerk von *Verbindungen*. In analoger Weise werde ich ein Netzwerk von Verbindungen in diesem Kapitel darstellen. Ich werde vier verschiedene Netzwerke beschreiben. Jedes von ihnen befaßt sich mit einer Art des Denkens.

Die vier Netzwerke sind:

Das **erreichende Netzwerk** (geht vom rechten Blatt unserer Grafik aus). Es dient der Findung von Wegen und Mitteln, um etwas zu bewerkstelligen.

Das **erforschende Netzwerk** (geht vom unteren Rand des Blattes aus). Es dient der Erforschung und Erweiterung dessen, was wir über ein Thema wissen.

Das **analysierende Netzwerk** (geht vom oberen Rand des Blattes aus). Dieses befaßt sich mit Analyse und Klassifikation.

Das **organisierende Netzwerk** (geht vom linken Blattrand aus). Hier werden die Dinge zusammengebracht, um eine Wirkung zu erzielen.

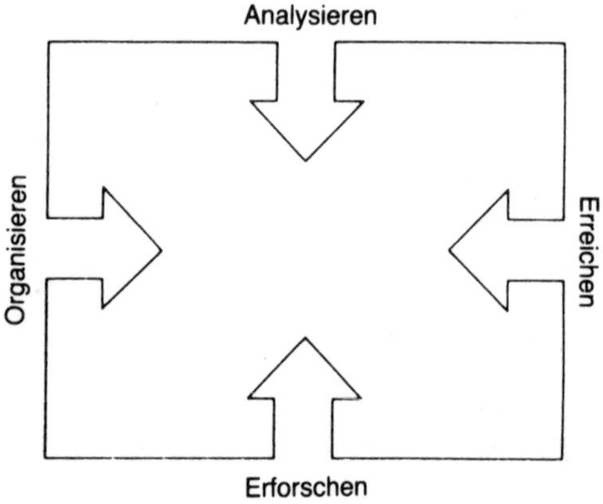

In gewissen Fällen kann ein Überlappen der verschiedenen Netzwerke stattfinden, doch sind sie am nützlichsten, wenn wir sie als völlig voneinander getrennt betrachten. Wir können dann jedes mit maximaler Wirkung anwenden.

Die Grafik auf Seite 92 zeigt die vier Richtungen der Netzwerke.

Das erreichende Netzwerk

Wir wollen etwas zustande bringen. Wie erreichen wir es?

Was sind die Wege und Mittel, um dorthin zu gelangen, wo wir hinwollen?

Denken Sie im Sinne von Routen, Straßen und Bahnen.

Welches sind die Straßen, die uns dorthin bringen?

Der Zweck des Denkens

Rechts auf einem Blatt Papier schreiben wir den Zweck unseres Denkens hin. Wir halten also fest, was wir am Schluß erreicht haben wollen. Wenn zum Beispiel ein Problem der Wasserversorgung vorliegt, notieren wir »die Wasserknappheit bewältigen« als unseren Zweck. Wenn Sie sich an die Methode gewöhnt haben, werden Sie bemerken, daß Sie den Zweck manchmal weit und umfassend und in anderen Fällen sehr detailliert definieren möchten.

Wenn Sie einen umfassenden Zweck definieren, werden Sie die folgenden Begriffe nützlich finden:

bewältigen . . .
zu tun haben mit . . .
etwas unternehmen . . .
etwas erfolgreich handhaben . . .
Wege haben, um . . .

Umfassende Konzepte

Nachdem wir den Zweck unseres Denkens notiert haben, sehen wir uns nach den umfassenden Konzepten um, die uns helfen, diesen Zweck zu erreichen. Wir notieren diese dann so, daß jedes durch einen Pfeil mit dem Zweck unseres Denkens verbunden ist. Es ist erforderlich, die umfassenden Konzepte untereinander aufzuführen, wie in der nachstehenden Grafik dargestellt.

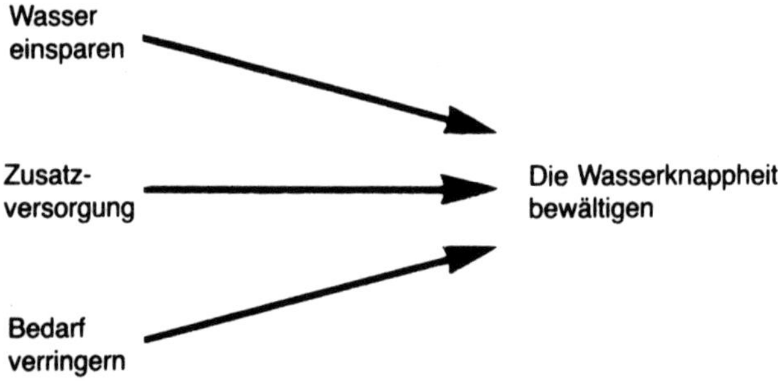

Wenn der Zweck unseres Denkens beispielsweise »die Wasserknappheit bewältigen« lautet, dann könnten folgende umfassende Konzepte aufgelistet werden:

Wasser einsparen
Zusätzliche Wasserversorgung finden
Den Bedarf an Wasser verringern.

Mittel

Wir bewegen uns nun rückwärts über das Blatt Papier. Wir behandeln jedes der umfassenden Konzepte als einen Ort, den wir erreichen wollen, und finden alternative Mittel, um das umfassende Konzept durchzuführen. Jedes dieser Mittel mündet in das Konzept, das durch diese Mittel ausgeführt wird. Also erhalten wir jetzt eine weitere Sparte, wie in der Grafik gezeigt wird:

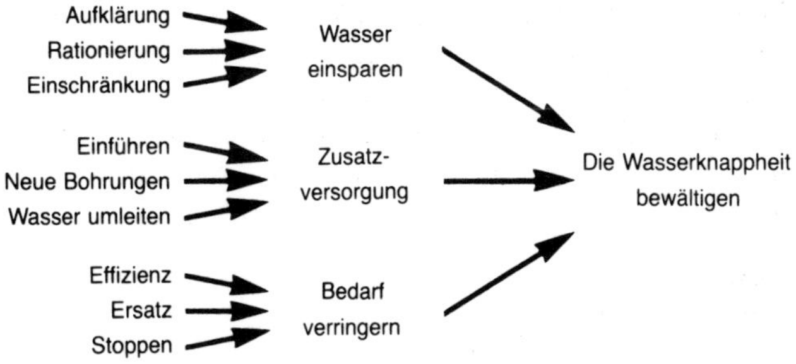

Es sollte erwähnt werden, daß es in keinem Sektor des erreichenden Netzwerkes eine Begrenzung der Anzahl von Punkten gibt, die angeführt werden können. Man sollte sich vielmehr bemühen, mehr als nur einen Weg aufzulisten, da es darum geht, Alternativen zu finden.

Beim Problem der Wasserknappheit können wir jedes umfassende Konzept für sich nehmen und *Mittel* finden, es durchzuführen:

Wasser einsparen
Die Mittel könnten beinhalten:
- Aufklärung
- Rationierung
- Einschränkung

Zusätzliche Wasserversorgung finden
Die Mittel könnten beinhalten:
- Wasser in die Gegend einführen
- Neue Bohrungen beginnen
- Wasser aus benachbarten Gegenden umleiten

Den Wasserbedarf verringern
Die Mittel könnten beinhalten:
- Effizientere Wasserverwendung (zum Beispiel Toiletten, die zwei bis drei Liter pro Spülung verwenden statt der üblichen neun bis zehn)
- Ersatz für Wasser finden (Papier beispielsweise unter Verwendung von Luft statt von Wasser herstellen)
- Wasserverbrauchende Operationen einstellen

Details

Nun kommen wir zur Detailebene. Hier befassen wir uns detailliert mit den Wegen zur Ausführung der Mittel unseres Konzepts. Also gehen wir weiter nach links auf unserem Blatt Papier. Jedes der Mittel auf dem Blatt wird nun der zu erreichende Punkt. Welche alternativen Wege haben wir, um die Mittel einsetzen zu können? Wie bisher versuchen wir, so viele Alternativen wie möglich zu finden. Von rechts nach links haben wir nun vier Sparten notiert: Zweck, umfassende Konzepte, Mittel und Detail. Dies ist in der Grafik auf Seite 97 dargestellt. Der Einfachheit halber habe ich bei jedem Punkt nur zwei Alternativen angezeigt.

Im Fall des Problems der Wasserknappheit können wir nun nach detaillierten Wegen suchen, um die Mittel zu verwirklichen. Einige Beispiele:

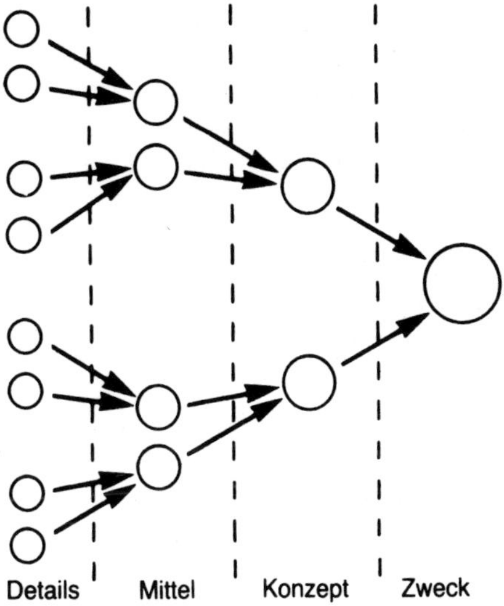

Aufklärung
Kann erreicht werden durch:
Medienwerbung
Schulunterricht
Wettbewerbe

Einschränkung
Kann erreicht werden durch:
Verringerung des Wasserdrucks
Stundenweises Abstellen des Wassers
Standrohre an den Straßen benutzen lassen
Bestrafung von übermäßigem Verbrauch (mit Stichproben)

Weitere Details

Die vier von mir dargestellten Sparten stellen keine Zauberformel dar. In manchen Fällen wollen Sie vielleicht weitergehen und eine zusätzliche Detailsparte verwenden. In den meisten Fällen werden vier Sparten jedoch ausreichen.

Ein Fächer von Möglichkeiten

Zum Schluß haben wir auf der linken Seite unseres Blatts eine große Anzahl von Möglichkeiten offen. Jede von ihnen stellt einen Weg dar, das zu erreichen, was wir erreichen wollen. Der Sinn des erreichenden Netzwerkes ist, diesen Fächer der Möglichkeiten zu öffnen. Das Netzwerk hilft uns dabei, indem es unser Denken in jedem Augenblick konzentriert. Wenn wir das Netzwerk durcharbeiten, sagen wir uns an jedem Punkt: Wie erreiche ich dies? Was wir erreichen wollen, wird zunehmend detaillierter, je mehr wir uns auf dem Blatt nach links bewegen.

Zweiter Entwurf

Wenn es darum geht, einige erreichende Netzwerke auszuprobieren, werden Sie feststellen, daß die Sache nicht ganz so einfach ist, wie es aussieht. Die größten Schwierigkeiten treten in der Sparte *umfassende Konzepte* auf. Die meisten Menschen schreiben hier Details oder Mittel hin. Es ist relativ schwierig, in Begriffen umfassender Konzepte zu denken. Wenn Sie den ersten Entwurf Ihres Netzwerkes betrachten, entdecken Sie möglicherweise etwas auf der Ebene der umfassenden Konzepte, das zu den »Mitteln« zurückgestuft werden sollte. So könnte zum Beispiel jemand bei dem Problem Wasserknappheit als Konzept eingefügt haben: »Das Waschen von Autos und Wäsche einstellen.« Das erscheint nicht richtig, also stellen wir uns die folgende Frage:

Was wird mit diesem Weg erreicht?

Das Waschen von Autos und Wäsche einstellen ist ein Weg, den Bedarf an Wasser zu verringern. Also gehört diese Idee auf die Detailebene, die in das Mittel »Wasserverbrauchende Operationen einstellen« einmündet, das wiederum in das umfassende Konzept »Wasserbedarf verringern« leitet.

Bitte merken Sie sich, daß ein Punkt an mehreren Stellen in einem Netzwerk erscheinen kann. Sie könnten »das Waschen von Autos und Wäsche« als ein Detail auf dem Weg des Wassereinsparens aufführen, der durch ein Mittel »Gewohnheiten ändern« führt.

Der Zweck des erreichenden Netzwerkes ist, Möglichkeiten zu eröffnen.

Vom Detail zum Konzept – und zurück

Wenn uns ein detaillierter Weg einfällt, das, was wir wollen, zu erreichen, dann stellen wir uns die Frage: Was wird mit diesem Weg erreicht? Das führt uns zu einem umfassenderen Konzept. Wenn wir das einmal haben, können wir nach anderen Wegen suchen, es durchzuführen. Es ist so, als wenn man die Eltern eines Kindes ausfindig macht, um auf diese Weise die Geschwister zu entdecken. Der Prozeß wird in dieser Grafik verdeutlicht:

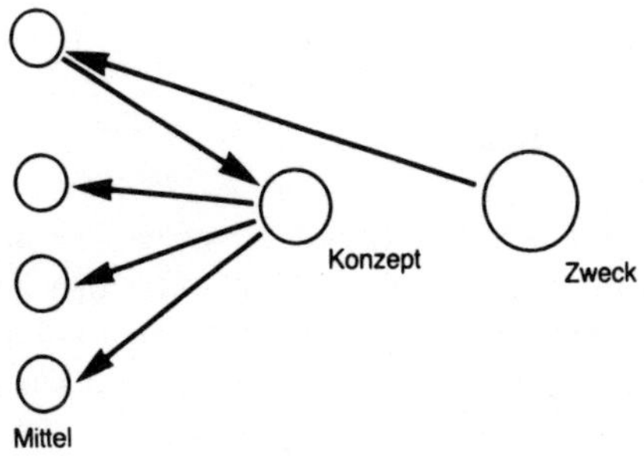

Kaskadeneffekt

Wenn Sie unmittelbar an spezifische Wege denken, Ihr Ziel zu erreichen, werden sich mit Sicherheit welche auftun. Der Zweck des erreichenden Netzwerkes ist, viele weitere Wege durch den »Kaskadeneffekt« zu öffnen. Durch das Einsetzen der Zwischenschritte wird unser Verstand gezwungen, mehr in die Tiefe zu gehen. Dieser Kontrast wird in der nachstehenden Grafik verdeutlicht:

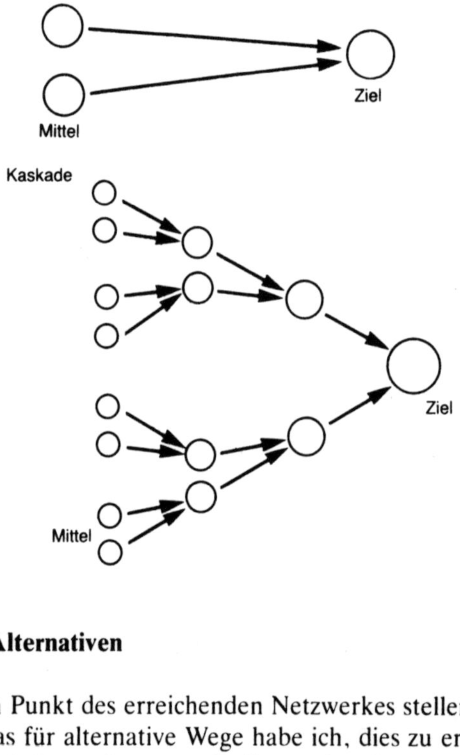

Weitere Alternativen

An jedem Punkt des erreichenden Netzwerkes stellen wir die Frage: Was für alternative Wege habe ich, dies zu erreichen? Wenn wir keine weiteren ausfindig machen können oder mit den vorhandenen nicht zufrieden sind, dann müssen wir versuchen, alternative Denkprozesse zu finden, die uns weiterhelfen. Zum Beispiel können wir uns der kreativen Denkmethode bedienen, die ich später beschreibe.

Übung

Führen Sie für jedes der folgenden Denkziele die umfassenden Konzepte eines erreichenden Netzwerkes auf:

Straßenkriminalität verringern
Menschen vom Rauchen abbringen
Einen Ferienjob finden

Übung

Denkziel ist, das Verkehrsaufkommen in den Städten zu verringern. Die nachstehenden Vorschläge wurden eingebracht. Manche gehören auf die Ebene der umfassenden Konzepte und manche nicht. Suchen Sie die heraus, die auf diese Ebene gehören, und notieren Sie sie. Bei den anderen beantworten Sie diese Frage: Was wird mit diesem Vorschlag bewirkt?

Die Vorschläge:
Autos aus den Stadtkernen verbannen
Unerlaubt parkende Autos mit »Radkrallen« versehen
Öffentliche Verkehrsmittel verbessern
Fahrgemeinschaften ermutigen
Busse durch Straßenbahnen ersetzen
Das U-Bahn-Netz erweitern
»Schwebende Autotrassen« bauen
Geschäftsstunden zeitlich versetzen

Übung

Erstellen Sie ein vollständiges erreichendes Netzwerk, das dem folgenden Denkziel dient:

Sie betreiben ein Familienrestaurant. Ein »Fast Food«-Restaurant wird in der gleichen Straße eröffnet, und Sie fangen an, Kundschaft zu verlieren. Sie wollen Wege finden, das Geschäft zu beleben.

Wenn Sie das erreichende Netzwerk erstellt haben, gehen Sie es noch einmal durch und identifizieren die Bereiche, in denen Sie zusätzliche Alternativen haben möchten (wo Sie also mit Ihrem bisherigen Denken nicht zufrieden sind).

Das erforschende Netzwerk

Die grafische Darstellung des erforschenden Netzwerks beginnt am unteren Blattrand und breitet sich nach oben aus.

Stellen Sie sich die aufgehende Sonne am Horizont vor. Die Sonnenstrahlen breiten sich nach oben wie ein Fächer aus.

Der Zweck des erforschenden Netzwerkes ist, wie der Name sagt, das *Erforschen.* Wir untersuchen alle Aspekte eines Themas und setzen alle Kräfte unseres Denkens ein.

Dieses Netzwerk liefert uns Impulse und wirkt als Konzentrationshilfe. Es stellt eine Hilfe beim Aufzeichnen von Gedanken und Ideen dar.

Es ist wichtig zu wissen, daß wir beim erforschenden Netzwerk alles aufschreiben, was uns einfällt. Ein Gedanke ruft den nächsten hervor. Wir können uns von einem nebensächlichen Punkt hin zu einem fundamentalen Punkt bewegen – und umgekehrt. Wir können uns von einem Detail zum anderen, dann zu einem fundamentalen Punkt und wieder zu einem Detail bewegen. Darin unterscheidet es sich von dem erreichenden Netzwerk, bei dem wir uns vom umfassenden Konzept über die Mittel zum Detail bewegen.

Thema

Das Thema schreiben wir ganz unten auf dem Blatt in der Mitte hin.

Die Definition des Themas ist hier nicht so ausschlaggebend wie bei den anderen Netzwerken, und zwar wegen der assoziativen Natur des erforschenden Netzwerks. Wenn die Erforschung jedoch eng am Thema bleiben soll, dann müßten Sie dieses vielleicht wesentlich exakter definieren.

Ausbreitung

In der nächsten Ebene über dem Thema notieren wir eine Anzahl von Punkten, die aus dem Thema hervorgehen. Es sollte in etwa bei vier Punkten bleiben. Zu viele Punkte auf dieser Ebene lassen wenig Platz für die nachfolgende Erweiterung. Also sollte man sich an die wesentlicheren Punkte halten. Diese bilden die erste Ausbreitungsebene.

Nehmen wir an, das Thema lautet »Frühstück«. Die unterste Ebene erforschenden Netzwerkes könnte so aussehen:

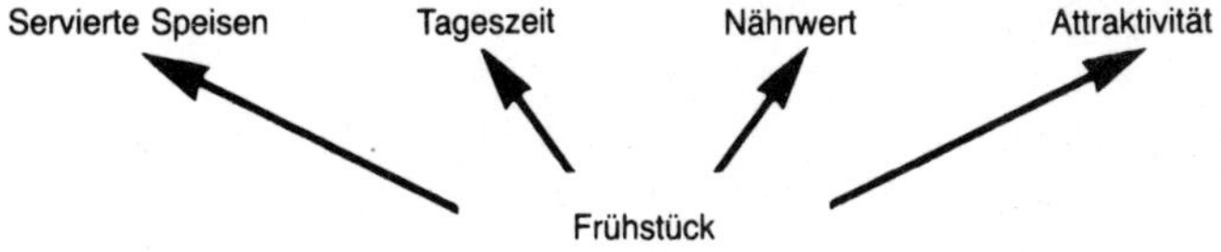

Zusätzliche Erweiterung

Wenn wir uns das Netzwerk in Form eines Baums vorstellen, dann stellen die aufgeführten Punkte die unteren Äste des Baums dar. Jeder Ast kann sich dann in weitere Äste teilen und diese wieder in Zweige. Nach der ersten Ebene gibt es keinen Grund, die Dinge auf gleicher Ebene anordnen zu wollen. Jeder Punkt wird zum Ausgang für weitere Ausbreitung. Solange Linien verwendet werden, um die Beziehungen zu verdeutlichen (die als Äste und Zweige dargestellt werden), können verschiedene Punkte unabhängig von einer Ebene angeführt werden. Auch dies unterscheidet sich von dem erreichenden Netzwerk, wo die Sparten eingehalten werden müssen.

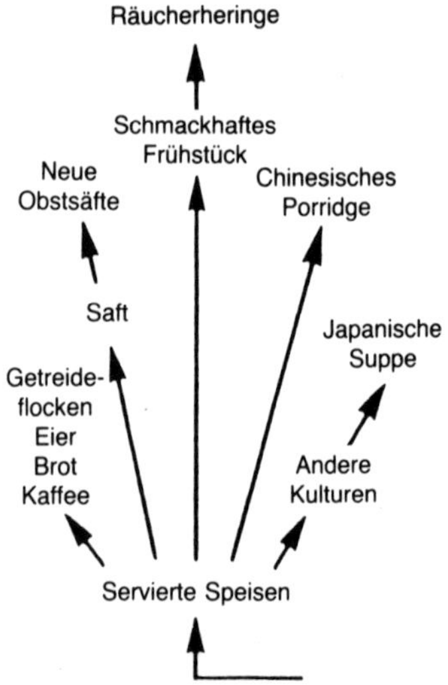

Die Grafik zeigt, wie sich ein Ast des Netzwerkbaums entwickeln könnte. Eine Sache suggeriert die nächste. Der Baum wächst immer weiter nach oben. Das Konzept »schmackhaftes Frühstück« entsteht allmählich aus vielen Details.

Die Schlüsselwörter sind: Wachstum, Ausbreitung, Entwicklung und Erforschung. Jeder aufgeführte Punkt ist ein potentieller Ausgangspunkt für neue Details. Im erreichenden Netzwerk wird jeder aufgeführte Punkt zu einem Zielpunkt, und dann überlegen wir, wie er erreicht werden kann. Im erforschenden Netzwerk gehen wir von jedem Punkt aus weiter nach außen, während wir uns im erreichenden Netzwerk nach innen, auf einen Punkt zubewegen.

Neue Netzwerkbäume

Jeder Punkt im erforschenden Netzwerk kann zum Ausgangspunkt für die Erforschung eines speziellen Themas werden. Dieses neue Thema sollten wir auf einer eigenen Seite darstellen. Auf diese Weise haben wir mehr Platz, um spezifische Konzepte zu untersuchen. Auch können so kleinere Punkte noch detaillierter erforscht werden. Behalten Sie im Auge, daß der Zweck immer Erforschung und Entwicklung ist.

Übung

Erstellen Sie ein vollständiges erforschendes Netzwerk für das Thema Verkehrsampeln.

Suchen Sie sich dann einen Punkt heraus und nehmen ihn als Ausgangspunkt für ein weiteres erforschendes Netzwerk.

Übung

Sie verfassen ein Essay über Computer und Gesellschaft. Erstellen Sie ein erforschendes Netzwerk zu diesem Thema. Erweitern Sie es, bis es insgesamt ungefähr zwanzig Punkte enthält.

Wie wenden wir das erforschende Netzwerk an?

Oftmals ist die Erstellung des Netzwerks bereits der Zweck. Während der Übung wird unser Verstand gezwungen, über eine Anzahl verschiedener Punkte nachzudenken. Das ist der tatsächliche Zweck der Übung. Bei anderen Gelegenheiten wollen wir die Resultate des Netzwerks vielleicht weiterverwenden. Ein Weg dazu könnte sein, Sammelbegriffe zu schaffen, unter denen die Details beschrieben werden können. Bei einer methodischeren Vorgehensweise kann der Meisterdenker von dem erforschenden Netzwerk zum analysierenden oder klassifizierenden Netzwerk weitergehen. Das würde ein Mittel schaffen, die Ideen zu ordnen. Das erforschende Netzwerk kann auch in Verbindung mit dem organisierenden Netzwerk angewendet werden.

Das Fehlen einer rigorosen Struktur im erforschenden Netzwerk ist wichtig, weil wir die Möglichkeit haben wollen, das, was uns gerade einfällt, zu notieren. Wir suchen nicht nach einem speziellen Konzept.

Das analysierende Netzwerk

Das Analysierungsnetzwerk verwenden wir zugleich als Klassifizierungsnetzwerk.

Analyse und Klassifizierung sind zwei verschiedene Dinge, doch verwenden sie die gleiche Art von Netzwerk. Der Schlüsselbegriff dabei ist *Teilung*. Bei der Analyse zerlegen wir etwas in seine Einzelteile. Bei der Klassifizierung teilen wir einen Oberbegriff in Unterbegriffe auf und so weiter.

Betrachten wir als erstes die analysierende Anwendung dieses Netzwerks.

Thema

Das zu analysierende Thema schreiben wir oben in die Mitte des Blattes.

Wir müssen bei der Definition des Themas sehr präzise sein, denn es ist schwierig, etwas Ungenaues zu analysieren. Das Thema kann umfassend oder spezifisch sein.

Analyse oder Teilung

Wir gehen nun daran, das Thema in seine Hauptbestandteile zu zerlegen. Dabei bedienen wir uns meistens der Analyse, der Unterteilung einer Sache in ihre wesentlichen Elemente. Manchmal ist die Unterteilung keine echte Analyse, sondern eine Teilung zu bequemerer Handhabung. Nehmen wir an, wir sprechen von dem »oberen Ende«, dem »Mittelstück« und dem »Unterteil« eines Gehstocks. In der Praxis sind das Mittelstück und das Unterteil immer ein einziges Stück, also dient eine solche Unterteilung lediglich der bequemeren Erfassung.

Nehmen wir an, unser Thema wäre »Gesetz und Ordnung«. Wir könnten es so in seine Bestandteile zerlegen:

Jede dieser Hauptkategorien würde dann weiter analysiert oder unterteilt werden. Also wird jeder Punkt, den wir aufführen, ein Ausgangspunkt für weitere Teilung, so, wie jeder Punkt im erforschenden Netzwerk ein Ausgangspunkt für Wachstum wird und im erreichenden Netzwerk ein Zielpunkt.

So könnte beispielsweise »Polizei« unterteilt werden in: Administration, Vollzugsgewalt, Ordnungsfunktion, Verbrechensverhütung, Verbrechensbekämpfung. »Verbrechensverhütung« kann wiederum aufgeteilt werden in: Polizeipräsenz, Sicherheits- und Alarmsysteme, aufmerksame Bürger, Angst vor Entdeckung, Aufklärung, verbesserte wirtschaftliche Bedingungen.

Es sollte angemerkt werden, daß in diesem Fall das analysierende Netzwerk dem erreichenden Netzwerk sehr nahe kommt. Wenn wir darangehen, »Verbrechensverhütung« zu *analysieren,* können wir zu einer Liste von Wegen gelangen, wie Verbrechen tatsächlich verhütet werden. Kernpunkt ist, daß eine *Funktionsanalyse* zu entdecken versucht, wie etwas funktioniert, während eine *physische Analyse* bestrebt ist, die Komponenten einer Sache zu identifizieren. Die physische Analyse von »Polizei« hätte beispielsweise ergeben: Personal, Ausrüstung, Gebäude, Finanzierung. Die Art der Analyse wird von dem Zweck unseres Denkens bestimmt. Wenn wir vorhätten, eine Polizei aufzustellen, wäre eine physische Analyse passend (auch dann, wenn es um Kosteneinsparungen bei der Polizei ginge). Wenn unsere Absicht jedoch wäre, die Effizienz der Polizei zu erhöhen, dann wäre eine Funktionsanalyse richtiger.

Der Schlüsselbegriff ist Teilung, und die Schlüsselfrage lautet: Wie unterteile ich dies?

Wir sollten uns drei Arten von Teilung merken:

1. in die ursprünglichen Elemente, aus denen sich das Ganze zusammensetzt
2. in Elemente unserer Wahl
3. in die funktionellen Elemente.

Warum wollen wir Dinge analysieren?

Um sie zu verstehen.

Um zu lernen, wie wir mit ihnen umgehen können.

Eine Analyse sollte umfassend sein. Es geht nicht darum, nur einige Bestandteile zu identifizieren (wie beim Herausfinden »großer Knochen«).

Wenn wir einen Urlaub analysieren müßten, könnten wir notieren: Zeitpunkt, Dauer, Anreise, Ort, Vergnügen und Kosten. Wir könnten dann Vergnügen analysieren in: Umfeld, Mitmenschen, Aktivitäten, Essen, Klima.

Übung

Analysieren Sie die folgenden Begriffe bis zur ersten Ebene der Unterteilung:

Schule
Wurst
Eine Liebschaft
Aggression

Weitere Teilung

Jeder Punkt der ersten Teilungsebene kann anschließend weiter unterteilt werden, um so die nächste Ebene zu bilden usw. Es sollte angestrebt werden, die Punkte ordentlich und auf vorgegebenen Ebenen zu halten (im Gegensatz zu dem erforschenden Netzwerk, wo dies keine Rolle spielt). Manche Teilungslinien werden wesentlich länger werden als andere. Dinge auf der gleichen Ebene werden vielleicht nicht zur gleichen Detailebene gehören. Das ist unwesentlich. Wenn es Ihnen wichtig erscheint, können Sie waagerechte Linien ziehen, um die Ebenen der Einzelheiten so zu definieren, wie es

Ihnen paßt. Punkte der gleichen Größenordnung werden dann die gleichen Linien belegen.

Die klassifizierende Anwendung des Netzwerks

Der Schlüssel bei der Klassifizierung ist das Gruppieren von Dingen unter verschiedenen Begriffen.

Wenn wir oben mit unserem Themenbegriff anfangen, dann enthält die erste Reihe darunter die Hauptbegriffe. In der nächsten Reihe stehen die Unterbegriffe, und so setzen sich die Reihen fort. Wenn wir beispielsweise »Öffentliche Medien« klassifizieren, könnten wir wie folgt vorgehen:

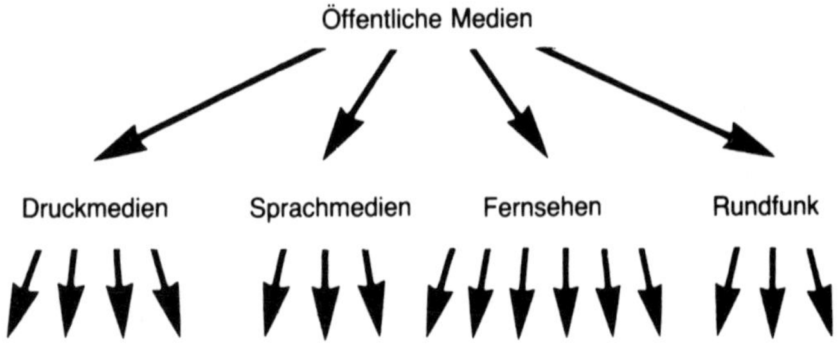

Unter Druckmedien könnte stehen:

Zeitungen
Bücher
Zeitschriften
Prospekte

Unter Sprachmedien könnte stehen:

Politische Reden
Kirchliche Predigten
Theater

Unter Fernsehen könnte stehen:

Nachrichten
Zeitgeschehen
Dokumentarberichte
Dramen
Unterhaltung
Seifenopern

Unter Rundfunk könnte stehen:

Nachrichten
Zeitgeschehen
Hörspiele

Sie werden bemerkt haben, daß wir die Arten von Fernsehen auch anders hätten klassifizieren können. Zum Beispiel so:
Öffentlich-rechtliches Fernsehen
Regionales Fernsehen
Kabelfernsehen
Satellitenfernsehen
Video

In ähnlicher Weise hätten wir die Arten von öffentlichen Medien als elektronisch, gedruckt und persönlich zu klassifizieren.

Genauso, wie wir Dinge auf unterschiedliche Weise analysieren können, können wir sie auch auf unterschiedliche Weise klassifizieren. Wir müssen die Grundform der Klassifizierung bestimmen und uns dann daran halten. Wir hätten beispielsweise für die Klassifizierung der öffentlichen Medien das Kriterium »Publikumsempfang« als Grundform wählen können und hätten dann gehabt: Millionen, Hunderttausende, Tausende, Hunderte.

Die Bestimmung der Grundform der Klassifizierung richtet sich im wesentlichen nach dem Zweck des Denkvorgangs. Wie wollen Sie die Klassifizierung anwenden? *In jedem Fall* lohnt es sich, verschiedene Klassifizierungen auszuprobieren, um festzustellen, welche am nützlichsten ist. Immerhin ist der Nutzen der einzige Zweck der Erstellung eines Netzwerks.

Übung

Entwerfen Sie die erste Klassifizierungsebene für jedes der folgenden Themen:

Sport
Flugzeuge
Politische Systeme
Freizeitaktivitäten

Methoden

Beim Erstellen einer Klassifizierung bedienen wir uns meistens der Methode, zunächst Beispiele zu notieren und dann nachzusehen, in welche Gruppierung wir sie einordnen können. Beim Überdenken von Freizeitaktivitäten könnte uns Schwimmen oder der Besuch eines Konzerts einfallen. Das könnte Klassifizierung wie »Kultur« bzw. »Leibesübungen« nahelegen. Vielleicht fällt uns als nächstes der Genuß guten Essens ein. Dies könnte sowohl in die Klassifizierungsgruppe »Hobby« wie in die Gruppe »Vergnügen« gehören. Diese Methode entspricht der des erreichenden Netzwerks, bei der wir uns fragten: Zu welchem Mittel gehört dieses Detail? Bei Klassifizierungen lautet unsere Frage: Welcher Gruppe scheint dies anzugehören?

Obwohl das analysierende Netzwerk üblicherweise von oben nach unten fortschreitet, ist es bei der Klassifizierung manchmal notwendig, in umgekehrter Richtung zu arbeiten. Dies geschieht, wenn wir eine Anzahl von verschiedenen Punkten haben, die wir in Gruppen unterbringen wollen. Wir suchen zunächst die untersten Gruppen heraus, dann bilden wir umfassendere Gruppen, indem wir Gruppen kombinieren. Allmählich arbeiten wir uns so durch die Klassifizierung hinauf.

Übung

Ich führe hier eine Anzahl von Beispielen menschlichen Verhaltens auf. Versuchen Sie, Klassifizierungen dafür zu finden.

Einem Bekannten »guten Morgen« sagen
Etwas aus einem Laden entwenden
Einen Politiker wählen
Sich betrinken
Eine Zigarette rauchen
Geld auf einem Sparkonto anlegen
Ein Auto zu schnell fahren
Ein neues Buch kaufen
Klatsch austauschen
Eine Zeitung lesen
Einen Beschwerdebrief schreiben
Einen hohen Berg besteigen
Sich mit der Familie streiten
Einem Blinden über die Straße helfen
Eine leere Bierdose auf die Straße werfen
Eine Lüge erzählen

Warum machen wir uns die Mühe, Dinge zu klassifizieren? Um Ähnlichkeiten und Unterschiede feststellen zu können. Wenn wir wissen, daß etwas zu einer gewissen Gruppe gehört, dann erwarten wir, darin alle Eigenschaften dieser Gruppe wiederzufinden. Das ist der Zweck von botanischen und medizinischen Klassifizierungen. Sie dienen auch dazu, eine gewisse Ordnung und Klarheit herzustellen.

Im erforschenden Netzwerk werden Sie eine Anzahl von Punkten herausgefunden haben. Sie könnten dann das klassifizierende Netzwerk anwenden, um diese Punkte zu ordnen, damit Sie einen Bericht oder einen Aufsatz verfassen können. In einer solchen Arbeit würden die Oberbegriffe die Kapitelbenennungen bilden, und die Haupt- und Nebenbegriffe ergäben die Unterteilungen.

Übung

Stellen Sie ein Klassifizierungsnetzwerk für den Begriff Kleidung auf.

Verfassen Sie einen kurzen Aufsatz, dessen Basis diese Klassifizierung bildet.

Das organisierende Netzwerk

Man könnte es auch das »Projekt-Netzwerk« nennen.

Das organisierende Netzwerk befaßt sich damit, Dinge zusammenzustellen, um etwas zu bewerkstelligen. Etwa Projekte auszuführen. Bei einem gewerblichen Bauprojekt muß der Bauherr das Grundstück, die Finanzierung, die potentiellen Abnehmer und das Bauunternehmen zusammenstellen. Dann kann das Projekt verwirklicht werden.

In vielen Fertigungssituationen entdecken wir, daß, wenn wir A mit B kombinieren, sich C ergibt (A + B = C). Beim Kochen stellen wir die Zutaten zusammen und geben Hitze hinzu – und erstellen so eine Mahlzeit. Dieses allgemeine Prinzip trifft durchweg auf das organisierende Netzwerk zu. Kraftstoff + Zündung = Verbrennung. Selbstverständlich wollen wir, daß die Verbrennung im Motor unseres Autos oder eines anderen Aggregats stattfindet und nicht in einem Behälter oder in der Tankstelle. Also müssen wir den Vorgang kontrollieren oder organisieren, damit die Dinge zum richtigen Zeitpunkt geschehen.

Die Darstellung eines organisierenden Netzwerks beginnen wir am linken Rand eines Blattes.

Wir fangen an, indem wir die Bestandteile auflisten, die wir bereits haben oder die wir benötigen werden. Gewöhnlich listen wir die Elemente auf, von denen wir wissen, daß wir sie in dem Projekt verwenden werden. Für den Start eines Bauprojekts hätten wir auflisten können: Bauherr, Grundstück, Finanzierung, Baufirma.

Gelegentlich führen wir bei einem organisierenden Netzwerk Dinge auf, die wir haben, um zu sehen, was wir mit ihnen anfangen können. Das ist dann eine erforschende Art von Organisation. Im allgemeinen befaßt sich das organisierende Netzwerk damit, ein bekanntes Ziel durch Verwendung bekannter Elemente zu erreichen. Zweck des Netzwerks ist, die Dinge so zu organisieren, daß das erwünschte Endergebnis erreicht wird.

Eine Liste der Elemente

Wir erstellen eine Liste von Dingen, die wir benötigen. Dazu gehört auch die Liste der Dinge, die getan werden müssen. Nachdem das Bauprojekt beispielsweise in Gang gesetzt ist, muß das Bauunternehmen organisieren, was es tun wird. Die Liste der einzelnen Elemente könnte so aussehen:

Fundamente ausheben
Stahlträger anliefern lassen
Bau des Stahlrahmens
Holzverschalungen
Betonguß
Glaspaneele einpassen
Türen und Fenster einbauen
Wände verputzen
Elektrikerarbeiten
Installationen
Leitungen verlegen
Fußbodenbeläge
Raumausstattungen

Dies alles sind Elemente, die benötigt werden, um von einem Stück Bauland zu einem fertigen Bürogebäude zu gelangen.

Zeitpunkt

Ein maßgebliches Element beim Organisieren von Dingen ist das *Timing*, die Bestimmung des richtigen Zeitpunkts. Bei dem Beispiel des Kraftstoffs wies ich bereits darauf hin, daß seine Verbrennung nur zum richtigen Zeitpunkt erwünscht ist. Also ist die Zeitpunktbestimmung immer ein Teil unserer Kontrolle einer Situation.

Während der Bauphase können wir nicht die Teppichböden verlegen lassen, bevor die Fußböden fertig sind. Es können keine Türen und Fenster eingesetzt werden, bevor die Wände stehen. Der Beton kann nicht gegossen werden, bevor die Verschalungen angebracht sind. Es kann nicht mit der Errichtung des Stahlgerüstes begonnen werden, bevor das Fundament ausgehoben ist und der Stahl angeliefert wurde.

Wenn A + B = C ist und C + D = K, dann können wir selbstverständlich nicht C und D addieren, bevor wir C haben. Und das wird erst sein, wenn wir A und B addiert haben. Das heißt, es gibt eine Organisationsfolge, die wir beachten müssen.

Wir wollen nun erneut einen Teil des Bauvorganges ansehen:

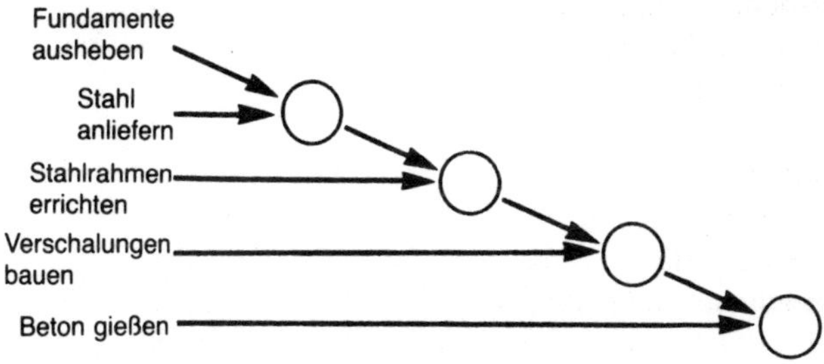

Es ist klar, daß wir nicht den Stahl anliefern lassen können, bevor die Fundamente ausgehoben sind, da er dies behindern würde. Also heißt es, zuerst die Fundamente ausheben. Wenn das geschehen ist, fügen wir die Stahllieferung hinzu. Dann fügen wir die Errichtung des Stahlrahmens hinzu. Wenn der steht, beginnen wir mit den Verschalungen. Dazu fügen wir dann den Beton.

Diese *Hinzufügungen* oder Prozesse des Zusammenbringens werden durch Linien im organisierenden Netzwerk angezeigt. Wenn zwei Dinge zusammentreffen, zeigen wir mit einem Kreis an, daß etwas geschehen ist oder abgeschlossen wurde. Wir brauchen beispielsweise einen Kreis, um anzuzeigen, daß das Ausheben der Fundamente beendet ist. Ausgehobene Fundamente plus angelieferter Stahl ergibt einen weiteren Kreis (obwohl wir den Stahl auch dann anliefern lassen könnten, wenn er gebraucht wird).

Zeitlinien

Wir müssen unsere Ordnung, unsere Reihenfolge und unsere Zeitpunkte bestimmen. Doch müssen wir manchmal warten, bis Dinge geschehen sind. So benötigt der Beton einige Zeit, bis er fest ist. Das können wir nicht beschleunigen. Auch das Ausheben der Fundamente braucht seine Zeit. Um zu sehen, wann Dinge stattfinden können, müssen wir das organisierende Netzwerk mit einem Meßsystem tatsächlicher Zeitabläufe versehen. Dies ist übrigens nicht bei allen organisierenden Netzwerken erforderlich.

Wir verwenden senkrechte Linien, um bestimmte Zeiträume abzustecken. So könnte beispielsweise eine senkrechte Linie sieben Tage darstellen, die nächste zehn Tage usw. Alle Dinge, die genau in diesem Zeitpunkt stattfinden, sind an der Linie angezeigt. Dinge, die davor oder danach geschehen, sind auch vor oder danach geschehen, sind auch vor oder hinter der entsprechenden Linie angezeigt. Dieser Prozeß wird hier an unserem Beispiel aus dem Bauvorhaben verdeutlicht:

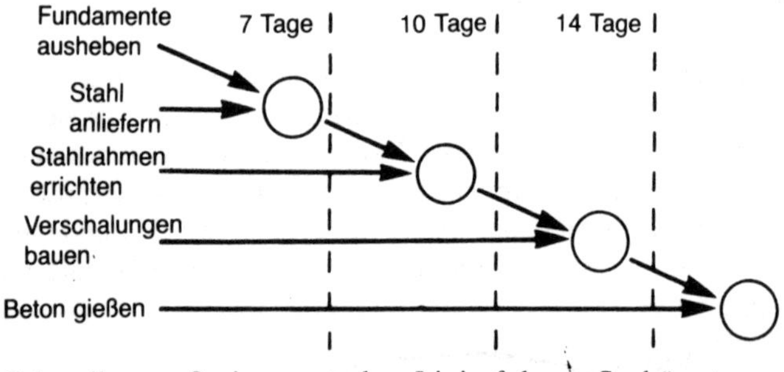

Nicht alles muß einer geraden Linie folgen. So könnte zum Beispiel eine große Metallskulptur Teil der Gebäudeplanung sein. Der Künstler beginnt damit vielleicht bereits, bevor die Fundamente ausgehoben sind. Die Plastik muß jedoch fertig sein, um an ihren Standort gesetzt zu werden, solange die Baukräne noch am Platz sind. Also muß die Plastik im richtigen Moment in das Geschehen eingefügt werden. Ähnlich können vorgefertigte Betonsegmente anderorts hergestellt werden, um dann im richtigen Augenblick eingefügt zu werden. Je mehr Dinge parallel zueinander geschehen, desto rascher wird der Gesamtprozeß ablaufen.

Modifikation

Wenn Sie das organisierende Netzwerk erst einmal erstellt haben, können Sie es modifizieren und verbessern. Ein Hauptzweck aller vier Netzwerke ist, es dem Denker zu ermöglichen, sein Denken zu betrachten und es dann zu verbessern. Wir können das organisierende Netzwerk verbessern, indem wir die Themen verändern, die Reihenfolge, die Zeitpunkte, die verwendeten Begriffe und ähnliches. Vielleicht möchten wir einfach die Folge modifizieren, in der wir die Bestandteile auflisten, um das Netzwerk so zu straffen. Beim Beispiel des Bauvorhabens müssen die Installations- und Elektroarbeiten vor dem Verputzen der Wände erledigt werden, also sollten sie vorrangig auf der Liste stehen, um sich kreuzende Linien im Netzwerk zu vermeiden.

Eine Autorin bespricht mit ihrem Literaturagenten ihr nächstes Buch. Sie beschließen gerade den Ablaufplan. Sollte sie das Buch schreiben, das ihr vorschwebt, und sich dann um einen geeigneten Verlag kümmern? Oder sollte sie ein Exposé zu Papier bringen, sich mit einem Verlag einig werden und dann von dieser Basis aus weiterarbeiten? Die Elemente sind folgende:

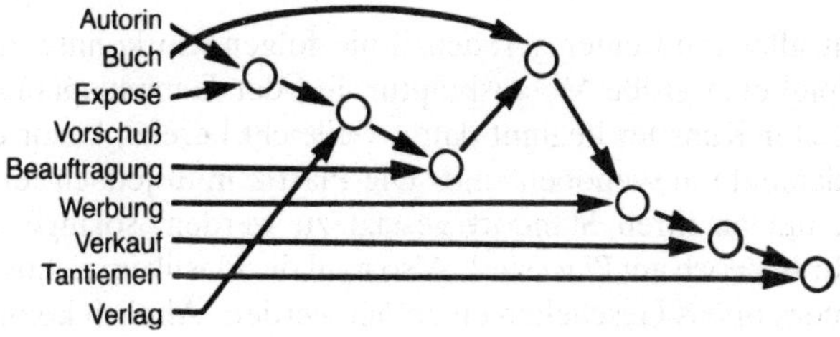

Die vorstehende Grafik des Netzwerkes zeigt einen Weg, die Situation zu organisieren. Ein weiterer Weg wird nachstehend dargestellt. Dieses Mal bringen wir – als weiteren Faktor – den Begriff der *Auktion* hinzu, das heißt, das fertige Manuskript wird mehreren Verlagen angeboten und der meistbietende erhält es.

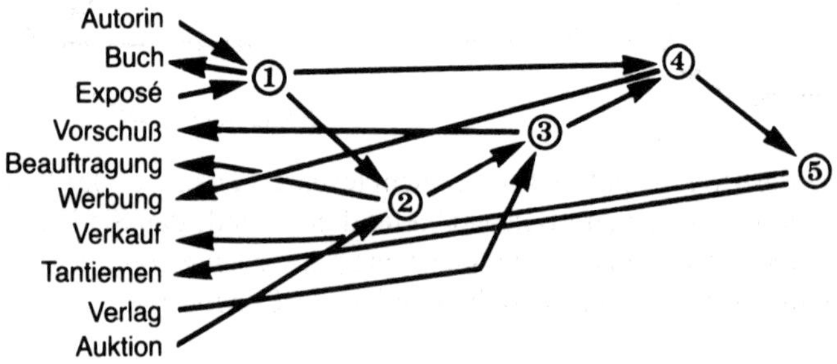

Es sollte angemerkt werden, daß in diesem Beispiel »Verkauf« und »Tantiemen« keine echten Eingaben sind. Autorin und Verlag können niemanden zwingen, das Buch zu kaufen. Also sind Verkauf und Tantiemen Ergebnisse, die eintreten, wenn alles andere planmäßig verläuft. Dennoch können wir sie in das organisierende Netzwerk einbringen, weil sie an diesem Punkt *stattfinden.* Wenn Sie wünschen, können Sie solche Posten mit einem Pfeil zum linken Blattrand versehen, um zu verdeutlichen, daß es sich um Ergebnisse handelt.

Das Netzwerk kennzeichnen

Wie bei allen anderen Netzwerken auch, können Sie durch Worte die Verbindungspunkte kennzeichnen – wenn Platz vorhanden ist. Sonst können Sie auch Zahlen als Schlüssel einsetzen und die Kennzeichnungen an anderer Stelle entsprechend auflisten. Dies kann im organisierenden Netzwerk von besonderer Wichtigkeit sein, denn wenn zwei Dinge zusammengebracht werden, könnte sich etwas Neues ergeben, das ein beschreibendes Etikett benötigt. Am Beispiel der Autorin ist es möglich, daß sie und der Verleger ein Gespräch geführt haben, aufgrund dessen der Verlag die Autorin beauftragte, ein Werk zu verfassen. Uns stehen zwei Wege zur Verfügung, dies zu zeigen:

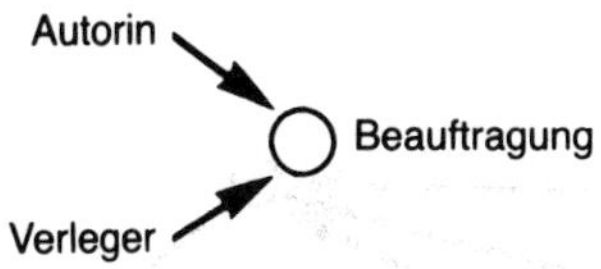

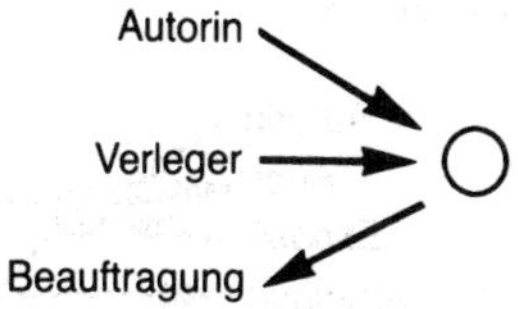

Das erste Beispiel ist das vielleicht lesbarere, wenn es der Platz erlaubt. Das zweite Beispiel bietet den Vorteil, daß Sie Eingaben und Ergebnisse in der gleichen Sparte zeigen können, doch kann sich dabei ein Durcheinander der Linien ergeben.

Übung

Sie möchten die Installationen im Badezimmer Ihres Hauses erneuern lassen. Das kann einige Arbeitstage in Anspruch nehmen. Erstellen Sie ein einfaches organisierendes Netzwerk, das verdeutlicht, wie Sie den Vorgang organisieren würden, inklusive Ihrer täglichen Routine.

Übung

Eine neue Art von Kinderlähmungsviren ist aufgetaucht, und einige Fälle sind bereits gemeldet worden. Es ist notwendig, eine flächendeckende Impfkampagne durchzuführen, besonders bei Schulkindern. Wie würden Sie diese organisieren? Erstellen Sie ein organisierendes Netzwerk, das die Schritte darstellt.

Übung

Sie haben vor, sich im Immobiliengeschäft erfolgreich zu betätigen. Erstellen Sie ein organisierendes Netzwerk, das Ihr Vorgehen (einschließlich Ausbildung) verdeutlicht.

Verwendung als aufbauendes Netzwerk

Wie bereits erwähnt, kann das organisierende Netzwerk auch als ein aufbauendes Netzwerk verwendet werden. Das bedeutet, daß wir mit den Grundelementen beginnen und dann zu entdecken versuchen, was damit getan werden kann. Dies unterscheidet sich von dem Projekt-Netzwerk, bei dem wir von Anfang an wissen, was wir erreichen wollen.

Ein Mensch, der kürzlich seinen Arbeitsplatz verloren hat, versucht sich darüber klarzuwerden, was er tun sollte. Er vermerkt in einer Liste als Elemente:

Zehn Jahre Erfahrung in der Ölbranche
Keine Angehörigen
Computer als Hobby
Arabische Sprachkenntnisse
Griechischer Vater

Zehn Jahre Erfahrung im Ölgeschäft und arabische Sprachkenntnisse weisen auf eine Tätigkeit im Nahen Osten hin. Keine Angehörigen und der griechische Vater (vielleicht sogar ein griechischer Paß) deuten auf die Freiheit hin, in praktisch allen Ländern arbeiten zu können.
Computerarbeit als Hobby könnte eine Tätigkeit in der Datenverarbeitung der Ölindustrie nahelegen. Also könnte sein Plan der werden, Datenverarbeitung gründlicher zu lernen und sich auf ölbezogene Datenverarbeitung zu spezialisieren, eine Arbeit dieser Art im Nahen Osten anzutreten und später als Experte in sein Heimatland zurückzukehren.

Das aufbauende Netzwerk kann auch bei den Ergebnissen des erforschenden Netzwerkes angewendet werden. Dieses wird eine Anzahl von Punkten liefern, welche die Liste der Ausgangselemente bilden können. Wir könnten dann überlegen, wie wir durch sie zu einem Ergebnis kommen können. Dies könnte die Basis eines Aufsatzes oder eines Berichts werden. Ich erwähnte bereits, daß das klassifizierende (gruppierende) Netzwerk auch in dieser Weise angewendet werden kann. Der Unterschied liegt darin, daß das klassifizierende Netzwerk mit seinen Sammelbegriffen Ordnung und Klarheit schafft. Das aufbauende Netzwerk dagegen ist eher geeignet, ein Ergebnis herbeizuführen.

Das Wichtigste beim aufbauenden Netzwerk ist, zu sehen, was geschieht, wenn zwei Dinge zusammenkommen: Was ergibt sich, was bringen sie hervor?

Sie haben die folgenden Elemente; was können Sie daraus machen?

Einen Gemüsegarten
Einen Kühlschrank
Einen Transporter
Zwei Dutzend Stühle

Der Gemüsegarten und die Stühle suggerieren ein vegetarisches Restaurant. Der Transporter deutet einen Gemüseliefer-dienst an. Die beste Idee könnte sein, vollständige vegetarische Mahlzeiten vorzubereiten oder liefern zu lassen, für die, die ihren Gästen vegetarische Menüs bieten möchten, sie aber selbst nicht herstellen können. Die Stühle und das Konzept, ein eigenes vegetarisches Restaurant zu etablieren, wurden letztlich fallengelassen.

Übung

Sie haben folgende Elemente; was können Sie mit ihnen anfangen?

Haufen von Altkleidung
Geschick als Tischler
Einen Freund, der Zahnarzt ist
Kenntnisse über Fluggesellschaften
Eine Ausbildung als Schauspieler
Ein Haus in einem ländlichen Städtchen

(wenn Sie zusätzliche Elemente benötigen, könnten Sie diese immer erwerben).

Übung

Sie verfassen ein Essay über das Thema »Schlaf«, und Ihr erforschendes Netzwerk hat die nachstehende Liste von Punkten ergeben. Wie können Sie sie verwenden?

Verschiedene Menschen benötigen unterschiedlich viel Schlaf
Was ist die »richtige« Menge Schlaf?
Schlaflosigkeit ist für manche ein großes Problem
Schlafmittel
Kaffee ist ein Stimulans, das manche Menschen wach hält
Die beste Schlafenszeit
Lesen hilft manchen Menschen, einzuschlafen
Schlaf könnte eine Gewohnheit sein
Fühlen wir uns besser, wenn wir mehr schlafen?
Es gibt Traumschlaf und traumlosen Schlaf
Träume können beim Aussortieren von emotionalen Problemen nützlich sein.

11 Nerven: Zusammenfassung

Knochen zeigen die Grundelemente an.
Muskeln bedeuten Kraft.
Nerven verbinden Dinge miteinander.

Der menschliche Körper hat ein Nervensystem. Analog zur Funktion von Nerven verwenden wir verbindende Netzwerke. Es gibt vier Arten von Netzwerken, die wir anwenden werden. Ich nenne sie zuerst und erläutere sie anschließend in gleicher Reihenfolge.

Das erreichende Netzwerk

Wie wir ans Ziel gelangen, wie wir etwas erreichen.

Das erforschende Netzwerk

Wir erforschen, was wir über ein Thema wissen.

Das analysierende Netzwerk

Dient der Teilung und Unterteilung, wie sie in der Analyse und der Klassifizierung verwendet wird.

Das organisierende Netzwerk

Bringt Dinge zusammen, um Ergebnisse zu erreichen.

Bei der Darstellung dieser Netzwerke beginnen wir jeweils an einem Blattrand, wie die folgende Grafik zeigt:

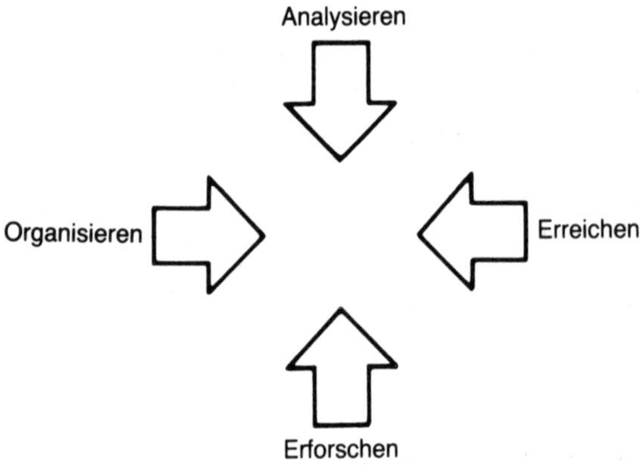

Das erreichende Netzwerk

Wie wir etwas zustande bringen
Die Routen und Wege zum Ziel
Die alternativen Wege zum Ziel

Wir beginnen am rechten Blattrand und notieren den Zweck unseres Denkens.

Nun gehen wir *rückwärts* weiter.
Welche *umfassenden Konzepte* bringen uns dem Zweck näher?

Wir nehmen jetzt jedes umfassende Konzept als den Punkt, den wir erreichen wollen.

Welche verschiedenen *Mittel* werden uns zu dem umfassenden Konzept führen?

Wir nehmen jetzt jedes *Mittel* als den Punkt, den wir erreichen wollen. Welche Details (Wege oder Methoden) führen uns zu dem Mittel?

Also wird jeder Punkt, den wir notieren, zu einem *Zielpunkt,* und wir denken darüber nach, wie wir ihn erreichen können. Alternativen werden untersucht. Welche verschiedenen Wege können wir finden, um diese Alternative zu erreichen?

Oft arbeiten wir vom Detail zum Konzept und dann wieder zurück. Wenn uns eine Detailmethode einfällt, fragen wir: Was wird auf diesem Weg erreicht? Das führt uns zu einem Konzept, und dann suchen wir nach weiteren Detailmethoden.

Das erforschende Netzwerk

Was wissen oder denken wir über ein gegebenes Thema? Bei diesem Netzwerk benutzen wir eine erweiterte Form von Aufzeichnungen, die uns anregt, Ideen festzuhalten.

Wir beginnen die Darstellung am unteren Rand des Blattes und schreiben dort das Thema unseres Denkens auf.

Auf der nächsten Ebene darüber notieren wir einige Hauptaspekte, die uns dazu einfallen. Sie bilden die *Äste* des Baumes, den wir wachsen lassen.

Wir erweitern nun diesen Baum. Jede Verzweigung bringt neue Verbindungsmöglichkeiten, funktioneller oder assoziierender Art. Eine Notwendigkeit, Ebenen einzuhalten, besteht hier nicht.

Jeder Punkt des erforschenden Netzwerkes kann herausgenommen werden und auf einem neuen Blatt Papier als Thema zu einem eigenen Netzwerk entwickelt werden.

Hauptmerkmal ist, daß jeder Punkt, den wir zu Papier bringen, zu weiteren Punkten führen kann.

Die Ergebnisse des erforschenden Netzwerkes können entweder in ein organisierendes Netzwerk eingegeben werden oder in ein analysierendes Netzwerk, das für Klassifizierungszwecke (Gruppieren) verwendet wird.

Das analysierende Netzwerk

Es befaßt sich mit Teilung und Unterteilung.
Das gleiche Netzwerk kann für Analyse oder für Klassifizierung verwendet werden.
Wie teilen wir etwas auf?
Was sind die Komponenten einer Sache?
Was gehört zu diesem Sammelbegriff?

Wir beginnen die Darstellung am oberen Rand des Blattes und schreiben zunächst das Thema auf, das wir als Überbegriff wählen.

Wir analysieren oder teilen das Thema nun in seine Hauptbestandteile auf. Dadurch ergibt sich die erste Teilungslinie.

Dann unterteilen wir jedes sich so ergebende Segment. Dadurch ergibt sich die nächste Linie. Wir arbeiten so weiter, wobei sich das Netzwerk seitlich ausweitet.

Wir können drei Arten von Teilungen oder Analysen erkennen:

1. Teilung in die ursprünglichen Elemente, aus denen sich das Ganze zusammensetzt.
2. Teilung in Elemente unserer Wahl.
3. Teilung in die funktionellen Elemente.

Die Wahl der Analyseart hängt von dem Zweck unseres Denkprozesses ab.

Das Netzwerk wird in gleicher Weise zur Klassifizierung angewendet. Statt die Dinge in Komponenten aufzuteilen, suchen wir jetzt die Bestandteile einer Gruppe, die durch einen Begriff gekennzeichnet ist. Was sollte diesem Begriff zugeordnet werden?

Eine Klassifizierung kann auf verschiedenen Grundlagen vorgenommen werden. Daher ist es erforderlich, die Klassifizierungsgrundlage zu definieren, bevor wir beginnen.

Gelegentlich können wir die Klassifizierungsmethode im umgekehrten Ablauf anwenden. Wir fangen dann am *Ende* an und sehen, wie wir die einzelnen Dinge zu Gruppen ordnen können. Dann neben wir diese neuen Gruppierungen und prüfen, wie sie einzuordnen sind und so weiter. So arbeiten wir das Netzwerk von unten nach oben durch.

Das Hauptbestreben beim analysierenden Netzwerk ist, zu prüfen, wie sich jeder Punkt in weitere Punkte unterteilen läßt.

Das organisierende Netzwerk

Wir stellen Dinge zusammen, um Ergebnisse zu bewirken.
Wie und wann bringen wir diese Dinge zusammen?
An welchem Punkt können wir damit beginnen?
Das organisierende Netzwerk dient dazu, Dinge zu konstruieren.

Das organisierende Netzwerk wird für Projekte angewendet.

Wir fangen die Darstellung am linken Blattrand an und schreiben zunächst eine Liste von Elementen auf.

Die Grundformel des organisierenden Netzwerkes ist: A + B = C.
Ein Element (A) wird mit einem weiteren Element (B) zusammengebracht, und das Ergebnis ist etwas Neues (C).

Manchmal kann ein Vorgang nicht stattfinden, bevor nicht ein anderer abgeschlossen ist, also muß es eine Kontrolle der Reihenfolge geben. Man muß den Kaffee erst aufbrühen, bevor man ihn trinken kann. In anderen Fällen kann ein Prozeß einige Zeit benötigen, und wir müssen solange abwarten, bevor wir weitermachen können. Das Kaffeewasser braucht seine Zeit, bis es kocht.

Durch senkrechte Linien wird ein Zeitabschnitt gekennzeichnet. Was vorher stattfindet, wird vor die Linie geschrieben, was danach geschieht, steht hinter der Linie. Was zu dem genauen Zeitpunkt geschieht, wird auf die Linie selbst geschrieben. Zeitlinien sind nicht bei jedem organisierenden Netzwerk erforderlich.

Das organisierende Netzwerk kann auch dazu dienen, uns Hinweise zu geben, was wir aus einer Anzahl von Elementen machen können. In diesem Fall beginnen wir mit den Elementen und prüfen, wie wir sie in verschiedener Weise miteinander kombinieren können. Diese Methode kann angewendet werden, um die Ergebnisse eines erforschenden Netzwerkes zu organisieren.

Im allgemeinen haben organisierende Netzwerke ein bekanntes und definiertes Ziel. Der Zweck ist, zu sehen, wie wir die vorhandenen Elemente organisieren können, um diesen Zweck zu erreichen.

Anmerkung

Manchmal scheint es, als würden mehrere Netzwerke das gleiche bewirken. So kann beispielsweise ein analysierendes Netzwerk bei Verwendung als Funktionsanalyse ähnlich wirken wie ein erreichendes Netzwerk. Die Eigenart jedes Netzwerkes ist jedoch sehr ausgeprägt, und Sie werden den größten Nutzen aus ihnen ziehen, wenn Sie sie als eigenständige Systeme betrachten. Seien Sie sich jedoch klar über das Konzept und den Zweck der verschiedenen Netzwerkarten.

Wollen Sie etwas erreichen?
Wollen Sie etwas erforschen?
Wollen Sie etwas analysieren?
Wollen Sie etwas organisieren?

12 Fett (Füllwerk)

Haben Sie schon einmal ein wirklich hageres Gesicht gesehen, in dem es gar kein Fett gab? Die Knochen scheinen fast durch die Haut zu kommen.
Fett rundet das menschliche Gesicht und läßt es gefällig erscheinen – und den ganzen menschlichen Körper ebenso.

Andererseits gibt es Menschen, die uns offensichtlich als zu fett erscheinen. Das heißt, sie sind wesentlich fetter als die meisten anderen Menschen. Dick sein ist ein Stil und kann auf seine eigene Weise attraktiv sein. In der Geschichte gab es viele Kulturen und auch viele berühmte Maler, die der Leibesfülle einen hohen Stellenwert einräumten. Aus medizinischer Sicht stellt übermäßiges Dicksein ein gewisses Gesundheitsrisiko dar. Wenn ein Mensch sehr beleibt ist, versteht es sich von selbst, daß sein Knochenbau unter dem Fett wohlverborgen ist.

In unserem System »Der Körper als Rahmen des Denkens« haben wir bereits Knochen, Muskeln und Nerven behandelt, nun wenden wir uns dem *Fett* zu.

Wir können Fett und Knochen einander gegenüberstellen. Die Knochen sind die wesentlichen Strukturelemente. Sie sind grundlegend, ohne sie gibt es weder Form noch Struktur. Im Gegensatz dazu bezieht sich *Fett* auf das Detail, das Füllwerk, die Verzierung. Genaugenommen ist nichts vom Fett lebenswichtig. Auch gibt es keine Beschränkung der Fettmenge. Wenn also etwas nicht wesentlich ist, könnte es sich um Fett handeln.

Vergleichen wir auch Fett und Muskeln. Muskeln bringen Energie und Kraft in das Denken. Fett gibt keine Kraft. Es bringt lediglich Masse. Ein Schriftstück kann aufgrund seines Füllwerks umfangreich sein, ohne daß dadurch seine Argumentation stichhaltiger wird. Manchmal scheint jedoch ein Autor oder Redner zu glauben, daß er durch möglichst viele Details die Bedeutung seines Denkens untermauern kann. Das ist nie der Fall. Wenn die Kraft des Arguments mangelhaft ist, wird sie durch zusätzliche Einzelheiten auch nicht stärker. Ist ein Argument jedoch stark, so könnten weitere Details lediglich seine Überzeugungskraft verwischen.

Die Beurteilung von »Fett« – von Füllwerk – betrifft hauptsächlich reaktives Denken. Sie lesen einen Brief, ein Buch oder einen Bericht und untersuchen dabei die Struktur, die Kraft der Argumentation und das Beiwerk. Sie stellen zum Schluß vielleicht fest, daß Sie nur wenig Struktur, aber eine große Menge unwichtige Details vor sich haben. Sie hören vielleicht einer politischen Rede zu und notieren sich dabei in Gedanken die Stärke der Argumente. Sie werden feststellen, daß der überwiegende Teil der Rede zu den Argumenten wirklich nichts beiträgt, sondern nur da ist, um das Publikum einzustimmen.

»Fett« – Füllwerk – gibt es aber auch beim aktiven Denken. Eine Gruppe von Leuten sitzt an einem Tisch und überlegt, wie sie ein gewisses Projekt handhaben könnten. Im Verlauf der Diskussion wird eine Menge unnötiges Zeug geredet, das nicht viel bringt. Es trägt weder zur Struktur dessen bei, was getan werden soll, noch fördert es seine Funktionskraft.

Die Dinge, von denen wir hier sprechen, sind nur »Fett«-Füllwerk. Es sind Details. Sie geben der Grundstruktur (den »Knochen«) dessen, was wir zu tun haben, nichts hinzu. Auch verstärken sie nicht die Kraft (die »Muskeln«) unseres Plans.

Der Meisterdenker muß ein ausgeprägtes Gespür für den Unterschied zwischen Wesentlichem und Unwesentlichem haben. Das soll nicht heißen, daß der Meisterdenker sich von der Fülle der Details irritieren läßt. In seinem Hinterkopf jedoch leuchtet jedesmal ein Warnsignal auf, wenn er auf überflüssiges Material stößt.

Das Fett herausfinden

Sie könnten annehmen, daß, nachdem Sie die Struktur und die Überzeugungskraft der Argumente festgestellt haben, alles übrige Füllwerk sein müßte. Sie hätten recht. In der Praxis lohnt es aber, sich die zusätzliche Mühe zu machen, das Füllwerk direkt herauszufinden, weil das Denkgewohnheiten fördert, die für Sie nützlich sein werden. Es ist wichtig, Füllwerk auf Anhieb als solches erkennen zu können.

Übung

Notieren Sie Überflüssiges in dem folgenden Text:

»So kommen Sie zu dem Kopierladen. Wenn Sie aus der Tür auf die Straße hinaustreten, gehen Sie nach rechts. Sie bleiben auf der gleichen Straßenseite. Sie kommen an einer Eisenwarenhandlung vorbei, dann kommt ein Geschäft, das Bürogerät verkauft, wie Schreibmaschinen, Kopierer und Computer. Ich glaube, die haben sogar den neuen IBM-PC, Sie wissen ja, den, der es einem ermöglicht, clevere Sachen mit Statistiken zu machen. Kann sein, daß sie ihn noch nicht geliefert bekommen haben. Ich habe erst letzte Woche darüber gelesen. Das nächste Geschäft, an dem Sie vorbeikommen, verkauft Bekleidung. Ich weiß nicht, was für eine Kundschaft die haben. Die Kleidung wirkt immer qualitativ minderwertig und ist sehr teuer. Die hatten gestern ein scheußliches rosa Kleid im Fenster. Ich nehme an, jemand kauft diese Sachen, denn sonst könnten sie ja nicht existieren. Vielleicht ist es ganz gut, daß Leute unterschiedlichen Geschmack haben, denn sonst würden wir alle gleich aussehen.

Als nächstes kommt ein Laden, der Obst und Gemüse verkauft. Er könnte Koreanern gehören. Ich weiß nicht, ob das so ist, aber jemand erzählte mir einmal, daß in New York City die Koreaner den gesamten Obst- und Gemüsehandel übernommen haben. Ich nehme an, das ist so, weil die effizienter sind und sonst kein Mensch einen Gewinn mit dem Geschäft machen könnte. Ich habe hier eigentlich keine Koreaner gesehen, aber ich kaufe in dieser Gegend auch nicht ein. Ich mache meine Einkäufe meistens am Wochenende in dem riesengroßen Supermarkt am Stadtrand. Waren Sie schon mal da? Das Parken ist so viel leichter, als wenn man in der Stadt einkauft. Wenn Sie samstags um 13 Uhr hinfahren, ist es meistens recht leer. Ich nehme an, dann ißt jeder zu Mittag. Jedenfalls, nach diesem Gemüseladen – Sie können ihn gar nicht übersehen, denn das ganze Gemüse und Obst ist auf dem Bürgersteig ausgestellt – kommt ein Juweliergeschäft. Es ist klein und hat eine Menge Ringe im Schaufenster. Ich kann mir nicht vorstellen, wer diese ganzen Ringe kauft. Ich verstehe schon, daß Leute Ringe kaufen, wenn sie heiraten oder so was. Aber das kann doch nicht genügend Umsatz sein, um das Geschäft am Leben zu halten. Ich habe gehört, daß in manchen Teilen von Europa alle verheirateten Männer Eheringe tragen, damit Frauen erkennen können, daß sie verheiratet sind. Vielleicht bestehen ihre Ehefrauen darauf. Was halten Sie von der Idee?

So, das ist also der kleine Juwelierladen mit den Ringen im Schaufenster. Dann kommt das große gelbe Schild, auf dem ›Copy Shop‹ steht. Sie können es wirklich nicht übersehen. Eigentlich können Sie es bereits sehen, wenn Sie auf die Straße hinausgehen und nach rechts schauen. Und da können Sie Ihre Kopien machen lassen.«

Nun ist diese Übung bewußt übertrieben, weil damit gezeigt werden soll, daß Überflüssiges manchmal deutlich erkennbar sein kann. In anderen Fällen kann es aber wesentlich schwieriger sein, es herauszufinden.

Um Unwesentliches zu identifizieren, müssen wir eine sehr klare Vorstellung vom Zweck des Denkens haben (siehe das Kapitel *Muskeln*). Was in einem Zusammenhang unwesentlich sein kann, ist dies in einem anderen vielleicht nicht.

Übung

Notieren Sie das Füllwerk im folgenden Text:

»Er kam gegen Mittag in den Laden. Ich meine, es war um Mittag herum, aber ganz sicher kann ich nicht sein. Meine Uhr geht in letzter Zeit nicht ganz richtig, und letzte Woche brachte ich sie zu Joe's zur Reparatur – Sie wissen doch, der kleine Laden bei der Bushaltestelle. Das Schwierige bei Uhren heutzutage ist doch, daß sie niemand reparieren will, wenn sie kaputtgehen. Tatsächlich ist es fast billiger, sich eine neue zu kaufen. Ich denke, diese Reparatur wird mich an die 60 Mark kosten, und ich könnte eine von den kleinen Digitaluhren für ungefähr 40 Mark bekommen. Die werden in Hongkong oder einem dieser Orte hergestellt. Aber ich mag keine Digitaluhren. Ich mag die altmodische Art mit einem Zifferblatt und Zeigern. Da weiß man, woran man ist. Ich schwärme nicht für moderne Sachen, nur weil sie neu sind. Vieles davon ist doch nur ein Trick. Aber ich nehme an, sie sind gut für das Geschäft. Die Leute kaufen sie wirklich. Mein Freund Tom kaufte letztes Jahr drei Digitaluhren. Jede davon hat irgendeinen neuen Dreh. Bei einer kann man die Zeit in acht verschiedenen Ländern ablesen. Wozu soll das gut sein, es sei denn, man will Leute in all den Ländern anrufen.

Jedenfalls meine ich, daß es um Mittag herum war, denn Frau Silvio war soeben gegangen. Sie kommt immer gegen Mittag vorbei. Sie kauft meistens nichts, sondern will einfach plaudern. Sie will, daß jemand ihren Geschichten über ihren Mann zuhört. Sie glaubt, daß er ein großer Weiberheld ist und überall Freundinnen hat. Sie erzählt mir immer ihren neuesten Verdacht. Ich habe ihren Mann kennengelernt, und er ist sehr ruhig, zurückhaltend und steht unter dem Pantoffel. Ich wäre sehr überrascht, wenn der jemals eine andere Frau angeguckt hätte. Vielleicht gefällt es ihr, das zu denken, weil es mehr von einem Mann aus ihm macht, als er zu sein scheint.

Nun, sie war hereingekommen und hatte ihre süße kleine Tochter dabei. Das Mädchen trug ein nettes blaues Kleidchen mit gelben Blumen um den Saum herum. Ich erinnere mich daran, weil ich ein gutes Gedächtnis habe für Gesichter und das, was Leute anhaben. Ich nehme an, das stammt aus der Zeit, als ich im Bekleidungsgeschäft tätig war.

Nun war Frau Silvio gerade gegangen, und ich überlegte, ob ich mir von nebenan einen Hamburger zum Mittag holen sollte. Ich kann den Laden problemlos für zwanzig Minuten oder so zumachen. Ich stelle dann nur ein Schild ins Fenster, auf dem steht: ›Zurück in 15 Minuten.‹ Ich habe entdeckt, daß das besser ist, als die Zeit anzugeben, wann man zurück sein will. Wenn man eine genaue Zeit angibt und sich verspätet, kann es sein, daß einige wütende Kunden auf einen warten und einem vorwerfen, man habe sich verspätet. Es ist mein Laden, also warum sollte ich nicht kommen und gehen, wie es mir paßt? Jedenfalls, wenn man einfach das 15-Minuten-Schild hinstellt, wissen sie nicht, wann man gegangen ist. So funktioniert das viel besser.

Ich versuche immer, mir den Hamburger um Mittag herum zu besorgen, denn wenn ich es auf später verschiebe, ist der Laden voll von Büroangestellten aus der Gegend. Es gibt hier viele, seit das neue Gebäude der Versicherungsgesellschaft an der Ecke gebaut wurde.

Also dachte ich gerade daran, hinauszugehen, als dieser junge Mann eintrat. Er kam ganz lässig herein. Er trug weiße Turnschuhe mit hellblauen Schnürsenkeln. Sie waren alt und abgetragen. Ich weiß die Marke nicht, aber wenn Sie mir einige Marken zeigen würden, bin ich sicher, daß ich sie erkennen würde. Er trug Jeans, und die sahen recht neu aus. Sie hatten sogar noch ein bißchen Bügelfalte. Er hatte eine Art Skijacke an, leuchtend rot und wahrscheinlich aus Synthetik. Die war auch ziemlich neu. Das Hemd war kariert.

Der junge Mann hatte ein frisches Gesicht. Er muß um die 22 gewesen sein. Ich bin sehr schlecht im Schätzen des Alters. Es ist noch nicht lange her, da begegnete ich einer Frau und ihrer Tochter und habe die beiden verwechselt. Meine Frau erzählt die Geschichte bei jeder sich bietenden Gelegenheit. Ich nehme an, die Mutter war sehr geschmeichelt. Ich bin sicher, daß die Tochter es nicht war. Aber gewisse Leute haben solche Gesichter. Man kann ihr Alter nicht schätzen. Mein Onkel Sam sah wie vierzig aus, als er fast sechzig war.

Er trug einen kleinen Schnurrbart. Der wirkte sehr gepflegt und hatte nicht ganz die gleiche Farbe wie sein Haar. Ich nehme an, so etwas kommt vor. Ich kannte einmal einen Mann, der schwarzes Haar hatte und einen roten Schnurrbart. Das sah sehr merkwürdig aus. Ich bin sicher, daß alle dachten, er hätte ihn gefärbt. Er erzählte mir, daß es völlig natürlich sei und sein Arzt ihm gesagt habe, es gebe viele Menschen, denen es so gehe.

Also kam er direkt auf mich zu, und ohne ein weiteres Wort zog er diese Pistole aus der Tasche und verlangte 200 Mark. Ich gab sie ihm. Was für eine Wahl hatte ich sonst?«

Wegen des Verbrechens sind einige Einzelheiten des Textes sehr wichtig. Solches Detail könnte in einem anderen Text als Füllsel gelten, doch hier hat es Informationswert. Dennoch enthält die Schilderung einen großen Anteil an unwesentlichen Einzelheiten, die keine Bedeutung für das Verbrechen haben. Man kann dagegenhalten, daß auch unwichtige Details, etwa die Beschreibung des Kleides des Mädchens, Informationswert haben können, insofern sie die Glaubwürdigkeit des Zeugen bestätigen. Kann er sich wirklich Einzelheiten merken?

Zusammenhänge berücksichtigen

Beim Beurteilen von Überflüssigem ist es von großer Wichtigkeit, den Zusammenhang zu berücksichtigen. Wie ich bereits andeutete: Was in einer Situation unwesentlich ist, muß es in einer anderen nicht sein. Wir müssen uns fragen, wie relevant Details für den Zweck des Denkprozesses sind. In einer Diskussion über irgendein bedeutendes Projekt mag einer der Teilnehmer Einzelheiten anführen, die in einer späteren Phase der Überlegungen von großer Wichtigkeit sind, jedoch im frühen Stadium als überflüssig betrachtet werden müssen.

Übung

Notieren Sie das Unwichtige in folgender Diskussion:

»Der Zweck dieser Konferenz ist, zu entscheiden, ob unser neues Werk in Minnesota angesiedelt werden soll.«

»Ich hatte eine Tante, die in Minnesota lebte. Sie erzählte mir, daß es dort im Winter furchtbar kalt wird, manchmal bis zu – 35 oder – 40 Grad. Das ist sehr kalt. Ich weiß nicht, ob ich das vertragen würde.«

»In dem Gebiet gibt es viel ›High-Tech‹-Entwicklung. Mir wurde gesagt, daß Arbeitnehmer dort qualifiziert und engagiert sind.«

»Viele der Leute dort sind deutscher oder schwedischer Abstammung, nicht wahr? Das würde für ihre Einsatzbereitschaft sprechen.«

»Ich habe gehört, daß die Schulen und Hochschulen sehr gut sind.«

»Wie steht es mit den Transportwegen? Es liegt doch einigermaßen abseits, nicht?«

»Das stimmt, es ist von der Westküste so weit wie von der Ostküste entfernt, aber das scheint keine Bedeutung zu haben. Bei High-Tech sind die Transportkosten nicht vorrangig.«

»Gibt es irgendwelche Steuervorteile?«

»Ich habe den Eindruck, daß man dort oben Geschäfte überaus ernst nimmt. Die Gegend brachte Hubert Humphrey hervor.«

»Ich dachte, der war ein Liberaler. Er wollte doch die ganzen Steuergelder für Sozialfürsorge und solche Sachen ausgeben. Ich halte mich lieber an Reagan.«

»Das mit den Liberalen stimmt nicht. Sie glauben lediglich, daß, wenn die Gesellschaft funktionieren soll, die gesamte Gesellschaft in guter Verfassung sein muß.«

»Wenn die Sozialfürsorge zuviel zahlt, warum sollte dann noch jemand arbeiten wollen? Mir wurde gesagt, daß das in Europa geschehen ist. Wir wollen nicht, daß es hier genauso wird.«

»Wie viele Leute würden nach Minnesota umziehen wollen? Wären Sie bereit, dorthin zu ziehen? Wären Sie dazu bereit?«

»Das Stammhaus bleibt hier in New Jersey.«

»Wie sind die Flugverbindungen zwischen Newark und Minneapolis-St. Paul in Minnesota? Mir gefällt die Vorstellung nicht, von hier nach dort auch noch umsteigen zu müssen. Wie viele Flüge gibt es täglich?«

Welche Argumente sprechen für die Niederlassung in Minnesota? Welche Punkte sind in dieser Argumentation von besonderem Wert?

Es gibt drei Kernfragen, die gestellt werden können, wenn wir etwas auf überflüssiges Füllwerk hin untersuchen:

1. Ist es notwendig?
2. Ist es relevant?
3. Ist es wichtig?

Etwas kann relevant sein, aber dennoch nicht unbedingt notwendig. Auch kann etwas Unwichtiges dennoch relevant sein. Der entscheidende Test ist einfach: *Was würde geschehen, wenn wir dieses wegfallen ließen?*

Übung

Dies ist eine Übung umgekehrter Art.

Ich möchte, daß Sie in einen Text soviel Unwichtiges wie nur möglich einbringen. Schreiben Sie einen Text von ca. 20 Zeilen, in dem Sie beschreiben, wie ein Feuer in der Küche der Nachbarn gelöscht wurde.

Schönheit und Fett

Es versteht sich von selbst, wenn wir ein Sachthema schriftlich behandeln, daß wir das darin enthaltene Füllwerk auf ein Minimum beschränken sollten.

Eine Funktion des Fetts im menschlichen Körper ist Verschönerung. Was geschieht, wenn wir Schreiben als Kunstform verstehen?

»Wir gingen zur Kante der Klippen. Die Sonne ging unter. Wir gingen nach Hause.«

Als Beschreibung eines Sonnenuntergangs ist das völlig unzulänglich. Zweck der Kunst ist es, ein wirkliches Erlebnis zu vermitteln und darüber hinaus menschliche Gefühle und Emotionen anzusprechen. Um das zu erreichen, müssen wir über eine einfache, sachliche Berichterstattung der Geschehnisse hinausgehen. Beschreibungen von Sonnenuntergängen in der Literatur schildern die sich verändernden Farbnuancen der Sonne sowie Gefühle von Frieden, Ruhe und Verbundensein mit der Schöpfung, die der Anblick des Sonnenuntergangs in uns weckt.

Ich möchte nicht den Eindruck vermitteln, daß das Ausmerzen von Unwesentlichem in unserem Denken gleichbedeutend ist mit dem Ausmerzen von Schönheit.
Tatsächlich besteht da keine Schwierigkeit, denn ich habe klargemacht, daß eine Beurteilung des Unwesentlichen immer mit dem Zweck des Denkens (oder des Schreibens) verknüpft ist. Ist der Zweck Kunst oder Schönheit, so ist alles Material, das dazu beiträgt, laut Definition wesentlich.

Übung

Bestimmen Sie das Überflüssige in der nachstehenden Beschreibung eines Sonnenuntergangs:

»Wir gingen zur Kante der Klippen jenseits der einfachen, kraftvollen Steine des megalithischen Tempels von Hagar Qim auf der Insel Malta. Bereits vor fünftausend Jahren hatten Menschen in diesem Tempel gestanden und auch den Sonnenuntergang betrachtet. Es gibt eine Kontroverse über das tatsächliche Alter der steinzeitlichen Tempel, manche behaupten, daß diese Tempel bereits um 5000 v. Chr. erbaut wurden. Die rote Kugel der Sonne senkte sich sanft zum Horizont herab, und am Himmel spielten die letzten Töne von Rosa und Grau. Die kantige Silhouette der winzigen Felseninsel Filfla wirkte wie ein Wachposten an der Ruhestätte der Sonne. Diese Insel war vom britischen Militär als Ziel von Granaten und Bomben genutzt

worden. Es gab noch immer viele nicht entschärfte Bomben und Granaten auf der Insel. Tatsächlich herrschte weiterhin Streit zwischen der Regierung Maltas und der britischen Verwaltung über das Beseitigen dieser Mißstände. Die Regierung Maltas behauptete, daß dies die Verantwortung der britischen Verwaltung sei, da sie die Situation geschaffen hatte.

Das Glühen der sinkenden Sonne färbte die riesigen Steine des uralten Tempels rot. Es war mehr ein Rot der Wärme als des Bluts. Es herrschte ein Gefühl universaler Einheit, als wenn in diesem Augenblick des Untergehens der Sonne die Menschen aller Zeitalter miteinander verbunden wären. Die Menschen, die diesen Tempel erbaut hatten, lebten vor Tausenden von Jahren, und dennoch schienen sie bei diesem Zelebrieren des Zyklus der Tage und des Zyklus des Lebens gegenwärtig zu sein. Die Lufttemperatur betrug ca. 18 Grad Celsius, und es wehte ein leichter Wind von ungefähr vier Knoten aus dem Süden. Ellen machte eine Aufnahme nach der anderen, schien aber erhebliche Schwierigkeiten bei der Handhabung ihrer automatischen Canon zu haben. Das Problem bei automatischen Kameras ist, daß sie auf Durchschnittsbedingungen ausgerichtet sind, und Sonnenuntergänge sind keine Durchschnittsbedingungen. Es gibt Augenblicke, in denen Technologie eher ein Nachteil als ein Vorteil ist.

Plötzlich war die Sonne verschwunden, und die Luft schien kälter zu werden. Sie signalisierte, daß die Zeremonie vorbei war, aber für Tausende von Jahren immer wieder stattfinden würde. Und die Steine des Tempels würden die Wächter jener Zeremonie sein, so, wie sie es immer gewesen waren.«

In diesem Beispiel ist das Überflüssige tatsächlich die Sachinformation, welche die Stimmung oder das Gefühl der Erzählung stört.

Es sollte deutlich gemacht werden, daß, auch wenn der Zweck eines Schriftstücks Schönheit oder Kunst ist, es dennoch viel Überflüssiges enthalten kann. Eines der größten Probleme angehender Schriftsteller ist, zu erkennen, was weggelassen werden sollte. Die exzessive Verwendung von Adjektiven und ausufernde Beschreibungen sind häufige Schwächen des deskriptiven Schreibens. Der Test ist der gleiche wie vorher: Was trägt es zum Zweck des Schreibens bei? Die Vorstellung, daß mehr besser sein muß, trifft in der Kunst nicht zu.

Übung

Das Folgende ist eine »übersättigte« Beschreibung. Machen Sie sie lesbarer, indem Sie Überflüssiges entfernen:

»Es war ein herrlicher, wunderbarer und aufregender Frühlingstag. Die Welt schien in jeder denkbaren Weise zum Leben zu erwachen. Die Blütenknospen übersäten die Bäume wie ein Schnee der Fruchtbarkeit. Die Vögel kreisten und stiegen in reiner Ausgelassenheit bei ihrem luftigen Tanz zur Feier des Frühlings. Die furchtbare Stumpfheit und graue Langeweile des Winters wirkte wie ein Land, das sich in der Entfernung verliert, während ihm die Passagiere an der Reling ihres Schiffes nachsehen. Die Luft war funkelnd und klar wie ein sprudelndes Glas Perrier-Wasser. Alles wirkte völlig neu. Alles schien erfüllt von Versprechen.«

Ein Gespür für Unwesentliches

Wenn es darum geht, die Strukturelemente in einem Denkprozeß herauszufinden, ist es wichtig, daß dies in klarer und übersichtlicher Weise geschieht. Es ist notwendig, daß der Meisterdenker dies beherrscht.

Das ist von ebenso großer Bedeutung, wenn es darum geht, die Effizienz eines Denkvorgangs zu beurteilen. Wenn wir die wirkenden Kräfte nicht feststellen können, dann werden wir nicht wissen, von welchem Wert sie sind und ob sie funktionieren werden.

Bei der Beurteilung des Unwichtigen in unserem Denken oder dem anderer ist ein »Gespür« für Überflüssiges noch wichtiger. Wir müssen spüren, was an einem Vorgang, den wir überdenken, irrelevant und überflüssig ist. Das gilt ebenso, wenn wir auf das Denken anderer reagieren.

Der Meisterdenker befaßt sich in diesem Bereich nicht nur mit dem Herausfinden des Überflüssigen, sondern allgemein auch mit seiner Reduzierung. Leitgedanke ist das Schlankwerden und Schlankbleiben. Denken sollte »rank und schlank« sein.

13 Fett: Zusammenfassung

»Fett« ist zusätzliches Material.

»Fett« wird dem Gerüst des Materials hinzugefügt.

»Fett« bedeutet Ausführung und Detail.

»Knochen« repräsentieren die Grundelemente einer Situation. »Muskeln« symbolisieren die Kraft eines Arguments. »Fett« bedeutet zusätzliches Material.

»Fett« ist eine Analogie für Füllwerk. Es wird von dem Denker verwendet, um das wesentliche Material auszuschmücken.

Das Beurteilen des Füllmaterials betrifft reaktives und aktives Denken. Im reaktiven Denken versuchen wir, das überflüssige Material in einem Buch oder einer Rede festzustellen. Beim aktiven Denken beurteilen wir das Material auf seine Relevanz für das, was beabsichtigt wird.

Kontext und Zweck

Um Unwesentliches richtig zu beurteilen, müssen wir uns des Zwecks des Denkens und seines Kontextes bewußt sein.

Zum Beispiel mag die Diskussion gewisser Einzelheiten für ein gegebenes Thema relevant sein – aber nur zur richtigen Zeit.

Zur falschen Zeit sind diese Details irrelevant, sie sind überflüssig.

Wenn der Kontext oder der Zweck eines Schriftstücks Schönheit ist, dann muß die Beurteilung der Relevanz diesen Zweck berücksichtigen. Dinge, die in einem anderen Kontext unwichtig sein würden, sind das nicht, wenn der Zweck Schönheit (Kunst) ist. Umgekehrt kann Material, das in einem anderen Zusammenhang relevant sein würde (wie Daten und Zahlen), vielleicht unwichtig werden, wenn es sich um einen schöngeistigen Text handelt.

In gewissen Situationen sind Details wichtig. So kann beispielsweise bei der Verbrechensaufklärung oder im Aushandeln eines Vertrages ein Detail von größter Wichtigkeit sein. In solchen Fällen wäre es ein Fehler, den Einzelheiten nicht größte Aufmerksamkeit zu schenken. In anderen Situationen kann ein Detail einfach überflüssig sein.

Ein ausgeprägtes Gefühl für den Zweck oder Kontext eines Textes ist also erforderlich.

Gespür für Unwesentliches

Es ist für den Meisterdenker wichtig, ein ausgeprägtes Gespür für das Unwesentliche zu haben. Das ist etwas ganz anderes als die tatsächliche Fähigkeit, Unwesentliches herauszufinden. Es ist vielmehr ein hintergründiges Empfinden für das, was relevant und was irrelevant ist.

Effektives Denken sollte von Ballast frei sein. Das ist möglich, wenn der Meisterdenker ein ausgeprägtes Gespür für Überflüssiges besitzt. Menschen, die schlank sein wollen, achten auf ihre Ernährung und sind sich ihrer Figur bewußt. In ähnlicher Weise muß sich der Meisterdenker immer der Gefahr des Ballasts im eigenen Denken bewußt sein.

Dieses Gespür für Unwesentliches betrifft aktives wie reaktives Denken.

Relevanz

Dies ist natürlich das Schlüsselelement beim Füllwerk.

Die drei Fragen, die wir uns stellen, lauten:

1. Ist etwas notwendig?
2. Ist es relevant?
3. Ist es wichtig?

Alle drei Fragen müssen in jeder Situation gestellt werden. Auch müssen alle drei im Bewußtsein des Denkers ständig gegenwärtig sein. Wenn etwas nicht relevant ist, ist es überflüssig. Wenn etwas nicht notwendig ist, ist es überflüssig. Wenn etwas nicht wichtig ist, muß es nicht, kann aber überflüssig sein. Oftmals gibt es Dinge, die nicht wichtig sind, aber trotzdem festgehalten werden sollten.

Etwas »Fett«

Ich möchte nicht den Eindruck erwecken, daß der Meisterdenker versuchen sollte, radikal alles »Fett« bei jeder Gelegenheit zu entfernen. Das Leben wäre nicht sehr erfreulich, wenn wir alle mit hageren Gesichtern herumliefen und nur aus »Haut und Knochen« bestünden. Die akzeptable Menge an »Fett« ist von dem jeweiligen Kontext und Zweck abhängig. In manchen Fällen mögen wir bemüht sein, alles Unwesentliche zu entfernen (zum Beispiel bei Berichten). In anderen Fällen ist ein gewisses Maß an Ausschmückung wünschenswert (zum Beispiel bei Erlebnisschilderungen).

In manchen Situationen mag es strittig sein, ob etwas relevant ist oder nicht. Oft gibt es Argumente für beide Auffassungen. In solchen Fällen sollte man sich vor einem rigorosen Urteil hüten. Die Entscheidung zu treffen, ob etwas relevant ist oder nicht, ist von wesentlich geringerer Bedeutung, als ein generelles Gespür für Unwesentliches und Überflüssiges zu haben.

14 Haut (Darstellung)

Der Volksmund sagt, daß Schönheit nur so tief reicht, wie die Haut dick ist. Es ist schwer, schön zu sein, wenn die Haut unschön ist. Körper und Gesicht sind von Haut umschlossen.

Wenn wir jemanden ansehen, sehen wir die Haut. Sicherlich geben die Knochen, die Muskeln und das Fett die Form. Es gibt Gesichter, deren Schönheit wesentlich durch die Knochenstruktur bedingt ist.

In unserer Methode ist die Haut die Analogie für das Erscheinungsbild oder die Präsentation. Sie ist die Verpackung, in die unser Denken eingehüllt ist, um es anderen oder uns selbst zu präsentieren.

Ich habe oft ausgezeichnetes Denken angetroffen, das dermaßen schlecht präsentiert wurde, daß niemand imstande war, seine Qualität zu erkennen.

Aufgrund meiner umfassenden Erfahrung auf dem Gebiet des Denkens weiß ich, daß die Präsentation von großer Wichtigkeit ist. Wer glaubt, daß Präsentation überflüssig sei und daß es nur auf die Qualität des Denkens selbst ankomme, irrt gewaltig. Jeder Meisterdenker muß wissen, daß die Art, wie er sein Denken vorstellt, von ausschlaggebender Bedeutung ist.

Ich möchte klarstellen, daß ich nicht behaupte, minderwertiges Denken könne als gutes Denken durchgehen, wenn es nur attraktiv und raffiniert präsentiert wird. Ich bin nicht der

Ansicht, daß man sich der Präsentationstricks der Werbung bedienen sollte, um die mindere Qualität des Denkens zu verschleiern.
Wenn ich die Wichtigkeit der Präsentation betone, meine ich das genaue Gegenteil. Ich mache mir Sorgen darüber, daß *gutes Denken* verlorengehen kann, weil es schlecht präsentiert wird.

Äußerlichkeiten der Präsentation

Ich beabsichtige nicht, hier auf alle Äußerlichkeiten der Präsentation einzugehen.

Wenn Material schriftlich unterbreitet wird, muß es lesbar sein. Eine Handschrift darf keine Probleme bereiten, sonst sollte man sich einer Schreibmaschine bedienen. Es sollte genügend Platz zwischen Zeilen, Absätzen und Unterteilungen geben, wie auch rund um das Schriftbild.

Wenn etwas dicht geschrieben auf einem Blatt Papier steht, ist es oftmals mühsam, dem Gedankengang zu folgen. Warum das so ist, spielt eine weniger wichtige Rolle, als daß es sich so auswirkt. Wenn Papierknappheit kein echtes Problem darstellt, sollte man möglichst viel Platz lassen.

Wenn Sie etwas vortragen, sprechen Sie langsam und klar! Sie kennen Ihre eigenen Ideen und müssen Ihre Argumente nicht selbst nachvollziehen. Ihre Zuhörer sind nicht in der gleichen Situation. Was Ihnen als normale Geschwindigkeit erscheint, mag für Ihre Zuhörer viel zu schnell sein, besonders dann, wenn Sie bemüht sind, einen schwierigen Gedankengang verständlich zu machen.

Versuchen Sie, Ihre Stimmlage zu variieren und Ihren Vortrag klar zu gliedern. Nichts ist schwieriger zu verstehen als eine lange monotone Ausführung.

Wenn Ihnen eine Seite dichtgeschriebenen Textes ohne Absatzunterbrechungen vorgelegt würde, hätten Sie auch Schwierigkeiten, dem Gedankengang zu folgen. Dennoch sprechen viele Leute in genau dieser Weise.

Bei schriftlichem Material können die Leser immer wieder zum Anfang zurückkehren oder sich die Zusammenfassung ansehen. Bei einem Vortrag gibt es diese Möglichkeit nicht. Deshalb ist es wichtig, Punkte, die sich einprägen sollen, zu wiederholen. Wichtig ist auch, das Wesentliche von Zeit zu Zeit zusammenzufassen. Vielleicht meinen Sie, daß all dies unnötig ist, Zeit verschwendet oder Ihre Zuhörer sogar irritiert. Das stimmt nicht.

Schlußfolgerungen und Schlüsselpunkte

Hier gibt es zwei mögliche Methoden.

Die erste ist, gleich zu Beginn die Schlußfolgerungen zu nennen, zu denen Sie am Ende kommen werden. In manchen Fällen kann das tatsächlich die Schlußfolgerung sein, in anderen eine Anzahl von Schlüsselpunkten. Diese sind gewissermaßen die Eckpfeiler dessen, was Sie behandeln werden.

»Mit diesem Papier werde ich zeigen, daß Steuersenkungen nicht zu höherer Beschäftigung führen.«

»In diesem Vortrag werde ich folgende entscheidende Punkte behandeln: die Ursachen von Arbeitslosigkeit, die Auswirkungen von Arbeitslosigkeit, die Zukunft der Arbeitslosigkeit und was wir gegen Arbeitslosigkeit unternehmen können.«

Manchmal können wir weitergehen. Bei vielen technischen Papieren wird verlangt, daß eine Zusammenfassung gleich am Anfang gegeben wird. Der Grund dafür ist, daß es Zeitverschwendung wäre, wenn jemand das gesamte Papier lesen müßte, um festzustellen, ob es für seine Zwecke relevant ist.

Im allgemeinen würde ich diese Art der direkten Präsentation empfehlen. Unter anderem sensibilisiert sie den Zuhörer, stellt sein Denken so ein, daß er die Ausführungen besser verstehen kann. Ohne eine solche Vorbereitung könnte sich der Zuhörer von einem Moment zum nächsten fragen, welches Ziel der Redner ansteuert. Das führt zu Verwirrung, wenn der Zuhörer von einer irrtümlichen Annahme ausgeht und sein Denken einer falschen Richtung folgt. Nichts ist für einen Redner problematischer, als eine solche fehlgerichtete Erwartungshaltung bei seinen Zuhörern zu korrigieren.

Die zweite mögliche Methode ist der ersten genau entgegengesetzt.

Wenn Ihnen ein Kriminalroman gleich auf der ersten Seite verraten würde, wie der Fall ausgeht, wären Sie gelangweilt. Wenn Sie ins Theater gingen und die Schauspieler Ihnen im voraus erzählten, wie die Handlung abläuft, würden Sie sich betrogen fühlen. In beiden Fällen wäre der Grund für Ihre Enttäuschung, daß Sie selbst sehen wollen, wie sich die Dinge entwickeln.

Also beginnen wir bei dieser zweiten Art der Präsentation mit dem Fundament und bauen auf ihm auf, bis wir die Schlußfolgerung erreichen.

Es ist einleuchtend, daß diese zweite Methode wesentlich schwieriger ist. Wir müssen verstehen, das Interesse bei jedem Schritt wachzuhalten. Wir müssen wissen, wie man einen Fall entwickelt und von der Basis her aufbaut.

In der Schule ist der Lehrer oder die Lehrerin natürlich verpflichtet, das Material zu lesen, welches er oder sie von Ihnen erstellen läßt. Das ist im späteren Leben keineswegs der

Fall. Niemand ist verpflichtet, Material zu lesen, ohne zu wissen, ob es für ihn relevant oder interessant ist.

Wenn Sie diese zweite Methode anwenden, müssen Sie immer darauf bedacht sein, Verwirrung zu vermeiden. Wie ich bereits gesagt habe: Wenn der Leser oder Zuhörer einer falschen Richtung folgt, ist die Katastrophe da.

Ich bin allerdings der Meinung, daß, wenn Sie all diese Dinge beherrschen, die zweite Methode wirkungsvoller sein kann. Und zwar deshalb, weil der Leser oder Zuhörer dahin geführt wird, mit Ihnen Schritt für Schritt zu den Schlußfolgerungen zu gelangen. Sie erreichen diese gewissermaßen Hand in Hand.

Struktur

Es gibt zwei Grundarten von Struktur: den Baumtyp und den Halskettentyp.

Bei der Baumstruktur haben wir Oberbegriffe und Unterbegriffe stufenweise geordnet. Es ist wichtig, die Organisation dieser diversen Ebenen von Begriffen sehr klar vor Augen zu haben. Die Klassifizierungs-Netzwerke aus dem Kapitel *Nerven* können hier angewendet werden. Bei Schriftstücken sollte der Schrifttyp der Überschriften auf ihre Ebene hinweisen.

Eine weitverbreitete Ordnungsmethode ist die Numerierung. Diese Methode wird unter anderem von Rechtsanwälten verwendet. Abschnitt 4, Paragraph 2, Absatz 3 würde als 4.2.3 erscheinen.

Ich sollte hier ein Wort der Warnung einfügen. Ein solches System ist im Rechtswesen sehr nützlich, weil es da oft notwendig ist, sich auf einen Passus eines Textes zu beziehen oder über einen solchen Punkt zu argumentieren. Diese Notwendigkeit besteht auf anderen Gebieten nicht in gleichem Maße. Es kann außerordentlich irritierend wirken, wenn ein Autor oder Redner seinen Stoff in Form von detaillierten Kategorien präsentiert. Es wirkt viel natürlicher, umfassende Überschriften zu verwenden und dann die Einzelheiten in Erzählform aufzuführen, ohne sie formal weiter zu unterteilen.

Die Halskettenstruktur ist völlig anders. In einer Halskette sind die Perlen eine nach der anderen auf dem Faden aufgereiht. Sie haben alle die gleiche Wertigkeit. Demnach haben wir beim Halskettentyp der Gliederung eine Anzahl von Absätzen oder Abschnitten, die gleichwertig sind. Sie folgen einfach aufeinander wie die Perlen einer Kette. Kein Absatz stellt eine Unterteilung eines anderen Absatzes dar.

Die Halskettenstruktur ist vergleichbar mit den Kapiteln eines Buches. Die Kapitel haben alle den gleichen Stellenwert, auch wenn sie nicht gleichermaßen wichtig oder interessant sind. Bei der Anwendung der Halskettenstruktur sind die beiden wichtigsten Faktoren:

1. Die Überschriften müssen klar sein.
2. Die Abschnitte müssen deutlich voneinander getrennt sein.

Es ist wichtig, daß der Leser oder Zuhörer weiß, daß ein neuer Abschnitt begonnen wurde. Die Bedeutung der Klarheit von Überschriften entspringt der Notwendigkeit, das Material in ungefähr gleichwertige Abschnitte zu gliedern. Kein Teil sollte wesentlich größer ausfallen als die anderen, weil er sonst weiter unterteilt werden müßte.

Im allgemeinen wird man in einem Buch oder einem Vortrag mit einem zweigliedrigen Schema auskommen: eine Kette bilden die Kapitel, die zweite bilden die Abschnitte der Kapitel.

Kommunikation

Die Präsentation des Denkens ist auf das Mittel Kommunikation angewiesen.

Das Wesen der Kommunikation ist, andere Menschen einzubeziehen. Sie versuchen, mit jemand anderem in Verbindung zu treten.

Es ist wichtig, sich des oder der anderen Menschen klar bewußt zu sein. Denken mag ein ichbezogener Vorgang sein, aber *Kommunikation ist niemals* ichbezogen. Wenn sie es ist, dann handelt es sich um schlechte Kommunikation.

Bei der Kommunikation sollten Sie sich immer drei wichtige Fragen stellen:

1. Warum sollte die andere Person Sie anhören?
2. In welcher Situation befindet sich die andere Person?
3. Was wollen Sie mit der Kommunikation erreichen?

Es ist erstaunlich, wie oft Menschen, die Kommunikation herstellen wollen, diese Fragen nicht beachten.

Warum sollte eine andere Person Sie anhören? Weil sie eine Lehrfunktion ausübt und das zu ihrer Rolle gehört? Weil sie Ihr Vater oder Ihre Mutter ist und Ihnen daher zuhören sollte? – Sonst ist niemand *verpflichtet,* Ihnen zuzuhören (es sei denn, daß Sie etwa der Geschädigte in einem strafrechtlichen Verfahren sind). Natürlich ist dies eine Übertreibung, denn Sie können immer zu jemandem gehen, der dafür bezahlt wird, Ihnen zuzuhören: etwa ein Arzt oder ein Rechtsanwalt. Ich will darauf hinaus, daß es kein allgemeingültiges Recht gibt, daß wir gehört werden müssen.

Also liegt es an Ihnen, dafür zu sorgen, daß die andere Person Ihnen zuhören will und dies auch konsequent tut. Unter »Zuhören« verstehe ich auch »Lesen«. Ein Autor muß sein Buch so interessant machen, daß es gelesen wird. Ein Politiker sollte seine Ansprachen interessant genug gestalten, daß man sie anhört. Wenn Sie also Gehör finden wollen, müssen Sie gute Kommunikation suchen.

Dies trifft auf den Allgemeinfall zu. Im Einzelfall sollten Sie sich die Frage stellen: »Warum muß mir diese Person in diesem Augenblick zuhören?« Wenn Sie sich dieser Frage bewußt bleiben, werden Sie effektive Kommunikation beherrschen.

Die zweite Frage ist ebenfalls sehr wichtig. Es ist sinnlos, Konzepte und Begriffe zu verwenden, welche die andere Person nicht verstehen kann. Sie müssen wissen, in welcher Situation sich die andere Person befindet. Damit ist grob gesagt ausgedrückt, daß Sie sich in den Kopf des anderen Menschen versetzen müssen.

Es gibt zwei Gründe dafür, dies zu tun. Der erste ist, daß Sie die Worte, Ideen und Konzepte begreifen müssen, über die diese Person verfügt. Es ergibt keinen Sinn, Französisch zu sprechen, wenn Ihr Gegenüber nur Italienisch versteht.

Der zweite Grund, sich in den Kopf des anderen zu versetzen, ist, seine Motivation zu begreifen. Die andere Person mag Sie lieben, hassen oder Ihnen gar kein Gefühl entgegenbringen. Wenn Sie versuchen, diesen Menschen in einer Sache zu überzeugen, dann müssen Sie wissen, was ihn bewegt.

Übung

Sie sind ein Politiker, der zu erklären versucht, warum die Steuern angehoben werden müssen. Stellen Sie in jeweils einem kurzen Absatz dar, wie Sie dies den folgenden verschiedenen Menschen erklären würden:

1. *einem begeisterten Anhänger Ihrer Partei*
2. *einem Mitglied Ihrer größten konkurrierenden Partei*
3. *einem Menschen von unterdurchschnittlicher Intelligenz*
4. *einem hochintelligenten Menschen.*

Übung

Beschreiben Sie die Motivation der zuhörenden Person in den folgenden Situationen:

1. *Eine Frau bespricht mit ihrem Mann, daß sie mehr Haushaltsgeld braucht.*
2. *Ein Verkäufer versucht, eine Kundin zu überreden, ein größeres Auto zu kaufen, als sie haben möchte.*
3. *Ein Bewerber für eine leitende Stellung in einer Fabrik wird befragt.*
4. *Ein Schüler erklärt seinem Lehrer, warum er die Hausaufgaben nicht vollständig gemacht hat.*

Nun kommen wir zur dritten wichtigen Frage. Welchem Zweck dient Ihre Kommunikation? Der Zweck unseres Denkens wurde bereits im Kapitel *Muskeln* behandelt, denn Kraft braucht immer einen bestimmten Zweck. Es kann durchaus sein, daß der Zweck Ihres Denkens und der Zweck Ihrer Kommunikation identisch sind. Das könnte der Fall sein, wenn Sie einem Projektteam angehören und den anderen Mitgliedern des Teams erklären, was Ihrer Meinung nach getan werden sollte.

Es kann vorkommen, daß Sie Ihre Gedanken einem Bekannten erläutern. Dabei würden Sie nicht so ausführlich die Einzelheiten vortragen, als wenn Sie das gleiche einem potentiellen Geldgeber für Ihr Projekt erklären würden.
Was wäre wichtiger, wenn Sie eine Verkaufsbroschüre verfassen: daß Sie so umfassend wie möglich informieren oder daß Sie die Kunden für Ihre Produkte interessieren?

Übung

Sie glauben, ein neues Gerät erfunden zu haben, welches bei Autos das Rutschen auf nasser Fahrbahn verhindern würde. Sie besprechen Ihre Erfindung mit jeder der nachstehenden Personen. Nennen Sie den Zweck Ihrer Kommunikation bei jedem Gespräch:

1. *einem Ingenieur*
2. *einem potentiellen Geldgeber für Ihr Projekt*
3. *einem Freund*
4. *einem anderen Erfinder*
5. *Ihrem Arbeitgeber.*

Was wollen Sie am Schluß erreicht haben? Was soll die andere Person als Ergebnis Ihrer Kommunikation tun, empfinden oder wissen?
Es ist nicht genug, lediglich ein allgemeines Gefühl für Kommunikation zu haben. Vielmehr müssen Sie sich in jedem Einzelfall die drei Grundsatzfragen stellen – und zwar immer wieder.

Das größte Problem liegt darin, daß ein Denker glaubt, die Arbeit sei getan, wenn er den Denkprozeß abgeschlossen hat. Oft ist das jedoch nur die halbe Arbeit. Die andere Hälfte besteht darin, die Ergebnisse des Denkens anderen Menschen zu vermitteln.

15 Haut: Zusammenfassung

»Haut« hat mit Aussehen und Präsentation zu tun.

Sie haben Ihren Denkprozeß abgeschlossen. Wie präsentieren Sie nun die Ergebnisse anderen Menschen?

Wenn Sie die Präsentation vernachlässigen, könnte die Vortrefflichkeit Ihres Denkens verlorengehen. Niemand ist verpflichtet, in einer mangelhaften Präsentation nach dem verborgenen Schatz zu suchen. Verbergen Sie den Schatz nicht, sondern präsentieren Sie ihn wirkungsvoll.

Äußerlichkeiten der Präsentation

Wenn Sie eine schriftliche Arbeit präsentieren, kommt es auf Ordnung, Klarheit und übersichtliche Textgestaltung an. Wenn Sie etwas vortragen, müssen Sie darauf achten, langsam und deutlich zu sprechen und Ihren Vortrag gut zu gliedern. Auch wenn es zusätzliche Zeit kostet, eine gute Präsentation ist sehr wichtig.

Schlußfolgerungen und Schlüsselpunkte

Bei Vorträgen wird es erforderlich sein, häufiger Zusammenfassungen und Wiederholungen der wesentlichen Punkte einzuplanen.

Im allgemeinen empfiehlt es sich, anzukündigen, was Sie in einem Schriftstück oder einem Vortrag behandeln oder zu welchen Schlüssen Sie kommen werden. Das bedeutet, die Schlußfolgerungen und die Schlüsselpunkte an den Anfang zu setzen. Bei einer schriftlichen Arbeit können Sie auch eine Zusammenfassung am Anfang geben.

Wenn Sie es vorziehen, die andere Methode anzuwenden, bei der Sie von Basispunkten ausgehen und dann den Zuhörer bis zur Schlußfolgerung führen, dann müssen Sie sehr darauf achten, daß der Leser oder Zuhörer nicht »vom Wege abkommt« und eine falsche Erwartungshaltung entwickelt. Auch muß das, was Sie vortragen, interessant genug sein, um die Aufmerksamkeit des Lesers oder Zuhörers zu halten.

Struktur

Bei der baumartigen Struktur verwenden Sie eine vertikale Gliederung. Sorgen Sie dafür, daß Ihre Begriffe klar, verständlich und gut gegliedert sind. Wenn Sie nicht gerade ein rechtliches Dokument verfassen, sollten Sie eine zu starke Kategorisierung vermeiden.

Bei der Halskettenstruktur reihen Sie gleichwertige Begriffe nacheinander auf, so, wie man die Perlen einer Kette auffädelt. Sorgen Sie dafür, daß die Kapitel und Abschnitte ungefähr gleiche Länge haben. Machen Sie klar erkenntlich, wo ein Kapitel oder Abschnitt endet und ein neuer beginnt. Im allgemeinen genügt hier eine zweistufige Gliederung.

Kommunikation

Präsentation ist auf Kommunikation angewiesen. Sie müssen immer daran denken, wie Ihre Information beim Empfänger ankommt. Es ist nicht so, als würden Sie einen Zettel an das Schwarze Brett heften und dann hoffen, daß ihn jemand liest. Sie müssen ständig aktive Kommunikation mit Ihrem Publikum betreiben.

Es sollte Ihnen klar sein, warum Sie Kommunikation anstreben: Was erhoffen Sie sich? Sie müssen wissen, warum sich Ihr Gegenüber die Mühe machen sollte, Ihnen zuzuhören oder Ihre Arbeit zu lesen. Sie müssen sich in die Gedanken der anderen Person versetzen können, um die richtigen Worte und Vorstellungen zu finden und um die Motivation des anderen verstehen zu können. All das wird in diesen Schlüsselfragen zusammengefaßt:

1. Warum sollte die andere Person Ihnen zuhören?
2. In welcher Situation befindet sich die andere Person?
3. Was wollen Sie mit der Kommunikation erreichen?

16 Gesundheit

Am wichtigsten für den menschlichen Körper ist seine Gesundheit.

Analog ist das Wichtigste für unseren Geist dic *Gesundheit unseres Denkens.*

Wenn wir von Gesundheit sprechen, denken wir an Schwächen, Mängel, Gefahren und sogar Gifte. Die gleichen Begriffe können wir auf das Denken anwenden. Was sind die Schwächen dieses Gedankenganges? Wo liegt die Gefahr in diesem Denken?

In dieser abschließenden Phase unseres Systems »Der Körper als Rahmen des Denkens« fassen wir alles zu einer Gesamtschau des Denkens zusammen. Bei *aktiven* Denksituationen sehen wir uns das Resultat unseres Denkens an. Bei *reaktiven* Denksituationen sehen wir uns das Ergebnis des Denkens an, mit dem wir konfrontiert werden – und auch unsere Gedanken darüber. Bei dieser Methode bedeutet Gesundheit Bewertung. Wir beurteilen den Wert des Denkens.

»Muskeln« und Beurteilung

Im Kapitel *Muskeln* sprachen wir auch über Beurteilung. Wenn wir ein Urteil über einen Denkprozeß abgeben (unseren eigenen oder den eines anderen), beurteilen wir die Kraft der Argumente. Wenn wir feststellen, daß sie keine Kraft haben, heißt das auf schwaches, unwirksames oder falsches Denken schließen. Wenn wir fragen: Wo liegt die Kraft dieses Denkens, fragen wir gleichzeitig: Was ist der Wert dieses Denkens?

Wegen der Wichtigkeit des Beurteilens wollen wir einige Aspekte in diesem Kapitel über *Gesundheit* vertiefen. Manches wird sich mit dem überschneiden, was wir bereits im Kapitel *Muskeln* behandelt haben.

Die Betrachtungsweise in diesem Kapitel unterscheidet sich wesentlich von der des anderen. Dort achteten wir gezielt auf die Kraft des Denkens und auf den Ursprung dieser Kraft. Hier nehmen wir eine Gesamtschau vor: Wie gesund ist das Denken?

Aktives Denken

Sie denken über ein Projekt nach. Sie müssen eine Wahl oder eine Entscheidung treffen. Sie müssen feststellen, ob Ihre Richtung oder Ihr Handlungsplan stichhaltig sind. Sie müssen eine Beurteilung vornehmen.

Die beiden Schlüsselfragen lauten:

1. Ist es in sich gut?
2. Ist es gut für mich?

Die Antworten auf diese beiden Fragen ergeben für Sie die Beurteilung jedes aktiven Denkvorgangs.

Gut in sich

Wird die Idee funktionieren? Könnte sie für jeden funktionieren? Ist die Idee fundiert? Diese Art von Fragen stellt man zur Idee oder zum Plan *selbst.* Es gibt dabei keinen Bezug auf die Person, die dem Plan oder der Entscheidung folgen wird. Zum Beispiel: Ein Perpetuum mobile wird für niemanden funktionieren. Es ist *in sich* falsch.

Wir können eine Reihe von Fragen stellen, um zu bestimmen, ob eine Idee in sich tauglich ist:

1. Basiert sie auf Information oder bekannten Fakten?
2. Basiert sie auf persönlicher Erfahrung oder der Erfahrung anderer?
3. Ist sie die logische Folgerung aus bekannten Fakten oder bekannter Erfahrung?
4. Was sind die Risiken und Gefahren?
5. Was sind im einzelnen die Folgen, wenn diese Idee in die Tat umgesetzt wird?

Die letzte Frage ist die wichtigste. Wir stellen uns den Ablauf gedanklich vor, um die Konsequenzen erkennen zu können. Wenn wir eine Route auf der Landkarte abschätzen wollen, folgen wir ihr konsequent, um festzustellen, ob sie uns ans Ziel bringt. Dabei berücksichtigen wir auch das Gelände, das sie durchquert, und die Gefahren. Also ist die Einschätzung der Konsequenzen der wichtigste Beurteilungsaspekt.

Gut für mich

Die Idee mag in sich sehr tauglich sein, doch sie ist vielleicht nicht gut für mich (oder ihren Urheber). Die Arbeit an einem Ölbohrturm mag reichlich Geld einbringen, doch könnte diese Arbeit für den Urheber der Idee aufgrund mangelnder Körpergröße und -kraft unmöglich sein. Also müssen wir nun betrachten, wie eine Idee und der Mensch zusammenpassen, der sie anwenden soll. Ist die Idee gut für mich?

Auch hier können wir einige Fragen stellen:

1. Paßt sie zu meinem Zweck, meinen Bedürfnissen und meinen Wünschen?
2. Paßt sie in meine Prioritäten?
3. Paßt sie zu meinen Werten und Prinzipien?
4. Paßt sie zu meinen Ressourcen (Zeit, Geld usw.)?
5. Paßt sie zu meinem Selbstverständnis?

Es versteht sich von selbst, daß der Meisterdenker, um diese Fragen zu beantworten, gezwungen ist, sich Klarheit über seine Bedürfnisse, Wünsche, Prioritäten, Worte, Ressourcen usw. zu verschaffen.

Das Wichtigste beim Treffen einer Entscheidung oder einer Wahl ist, zu *wissen, warum man sie getroffen* hat. Wenn Sie das Gefühl haben, daß eine Entscheidung richtig ist, und wenn Sie erklären können, warum Sie sie treffen, dann ist die Entscheidung richtig. Später mag sich herausstellen, daß das Ergebnis nicht so ist, wie Sie es gehofft hatten, aber das heißt nicht, daß Sie die falsche Entscheidung getroffen haben. Es heißt nur, daß sie nicht wie angenommen funktionierte. Bei Ihrem Wissensstand und Ihrem Gefühl war die Entscheidung zu der Zeit richtig.

Übung

Beantworten Sie beide Fragen (gut in sich, gut für mich) für die Entscheidungen folgender Menschen:

1. *Ein ranghoher IBM-Direktor, 45, beschließt, das große Unternehmen zu verlassen, um sich im Softwarebereich selbständig zu machen. Er hat selbst keine unmittelbaren Erfahrungen auf diesem Sektor, glaubt aber, die erforderlichen Talente anheuern zu können.*
2. *Eine brillante Rechtsanwältin beschließt, in ihren ersten zehn Berufsjahren keine Kinder zu haben, um die Chancen zu verbessern, sich beruflich zu etablieren.*
3. *Ein Investor beschließt, eine große Geldsumme in eine neue Erfindung zu investieren, von der behauptet wird, sie könne Autos mit einem Benzin-Wasser-Gemisch antreiben.*
4. *Ein Student bemerkt, daß ein Kommilitone Diebstähle begangen hat, und beschließt, dies den Behörden zu melden.*

Reaktives Denken

Wenn wir auf Denken reagieren sollen, das uns unterbreitet wird, wenden wir die gleichen Beurteilungsmaßstäbe wie im Kapitel *Muskeln* an. Gehen wir von der Annahme aus, daß die Vorlage weder Wert noch Kraft besitzt, sollten wir untersuchen, um welchen Krafttyp es sich handelt: Informationskraft, Logikkraft oder Emotionskraft?

Wie bei der Beurteilung im aktiven Denken können wir eine Reihe von Fragen stellen:

1. Wie groß ist der Wert?
2. Welchen Zweck verfolgt der Denker?
3. Was ist mein Zweck?

4. Was sind die Konsequenzen meiner Reaktion auf diesen Denkvorgang, wenn ich ihn akzeptiere?
5. Wie passen die zugrundeliegenden Informationen, Annahmen, Werte und Emotionen zu meinen?

Bedenken Sie, daß die Frage nach dem Wert bereits solche Dinge wie Informations- oder Logikbasis des Arguments beinhaltet. Beim aktiven Denken ist es sehr wichtig, auf die Konsequenzen des Akzeptierens einer Vorgehensweise zu achten. Auch im reaktiven Denken müssen wir überlegen, welche Konsequenzen das Akzeptieren einer Argumentation haben wird.

Beim reaktiven Denken befassen wir uns mit Fragen wie: Ist dies wahr oder unwahr? Ist es falsch oder richtig? Ergibt es einen Sinn?

Beim reaktiven Denken müssen wir uns immer bewußt sein, daß etwas tatsächlich einen Sinn ergeben könnte, wenn wir einmal *gewisse grundlegende Voraussetzungen akzeptiert haben.*

»Wenn ich Ihre Annahmen akzeptieren würde, hieße das, daß ich Ihre Schlußfolgerung akzeptiere.«

»Wollte ich die von Ihnen vorgestellten Werte akzeptieren, dann würde ich Ihre Schlußfolgerung akzeptieren – aber ich habe andere Wertbegriffe.«

Es ist sehr wichtig, diesen Punkt nicht zu vergessen. Eine gedankenlose Linie mag logisch stichhaltig und somit *richtig in sich* sein. Doch kann sie auf einem Wertsystem basieren, welches der Leser oder Zuhörer weder teilt noch akzeptiert. Der Denker sollte dies genauestens erläutern.

Übung

Notieren Sie Ihre Reaktion auf die folgende Argumentation:

»Wenn ein Chirurg einen Fehler begeht, kann er auf Schadenersatz in Millionenhöhe verklagt werden. Um diese Gefahr abzudecken, müssen Chirurgen hohe Versicherungsprämien zahlen. Da die Fehlhandlungen von Chirurgen sehr ernsthafter Natur sein können, oftmals Fragen von Leben oder Tod oder von lebenslanger Behinderung sind, ist es nur richtig, daß sie für ihre Fehler schwer bestraft werden. Auch ist es gerecht, daß die Opfer entschädigt werden. Auch stimmt es, daß Rechtsanwälte die Forderungen künstlich erhöhen, weil sie anteilmäßig honoriert werden und somit oftmals Hunderttausende von Mark am Unglück eines anderen verdienen. Das ist auch berechtigt, denn sonst könnten es sich die Opfer nicht leisten, Klage zu erheben. Chirurgen behaupten, sie wären auch nur Menschen und Fehler kämen immer vor. In manchen Fällen haben sich Chirurgen geweigert, gewisse Arten von Operationen durchzuführen, weil die Risiken zu hoch sind. Also leidet der Patient weiter. Um das Problem in den Griff zu bekommen, haben einige Staaten Gesetze erlassen, welche die Höhe der Forderungen begrenzen, die gezahlt werden müßten. Das scheint eine faire Lösung zu sein.«

Übung

Unter den Bedingungen der vorher geschilderten Situation (ärztliche Haftung) notieren Sie Ihre Reaktion auf den nachstehenden Vorschlag:

»Eine Lösung wäre, daß sich der Patient selbst vor einer Operation versichern läßt. Das wäre so, als wenn man sich selbst versichern läßt, bevor man ein Flugzeug oder ein Auto besteigt. Man nimmt das Risiko auf sich, und wenn man eine Entschädigung erhalten will, dann liegt es an einem selbst, sich versichern

zu lassen. Will man eine hohe Entschädigung, so muß man hohe Prämien bezahlen. Für all jene, die sich solche Prämien nicht leisten können, gäbe es eine Standardversicherung des Arztes, jedoch mit begrenzter Entschädigung.«

Übung

Notieren Sie Ihre Reaktion auf den folgenden Gedankengang:

»Gute Schüler sind immer in der Lage, sich um sich selbst zu kümmern. Sie schneiden bei Prüfungen immer gut ab und sind auch im späteren Leben erfolgreich. Daher wäre es wesentlich sinnvoller, die besten Lehrer für die schlechteren Schüler einzusetzen. Sie sind es, die wirklich Hilfe brauchen. Da könnte Hilfe wirklich einen Unterschied im beruflichen Werdegang und im gesamten weiteren Leben des Schülers machen. Sie sind die Schüler, die die Schule langweilt. Wenn ein guter Lehrer ihr Interesse wecken könnte, dann würde dies einen dramatischen Unterschied machen. Also sollte man bewußt den Weg gehen, die besten Lehrer die weniger fähigen Schüler unterrichten zu lassen. Vielleicht sollten die leistungsschwächsten Schüler nicht mit einbezogen werden, weil bei ihnen möglicherweise kaum etwas zu bewirken ist, mindestens jedoch die Grenzfälle.«

17 Gesundheit: Zusammenfassung

In der Methode »Der Körper als Rahmen des Denkens« bezieht sich *Gesundheit* auf die Gesamtbeurteilung von Denken.

Ist der Denkvorgang schwach?

Ist der Denkvorgang mangelhaft?

Ist der Denkvorgang gefährlich?

Ist der Denkvorgang falsch?

Also führen wir eine *Gesundheitsprüfung* des Denkens durch. Wir kontrollieren seinen Zustand anhand diverser Kriterien.

»Muskeln« und Beurteilung

Die Beurteilung der Kraft eines Denkvorgangs und die Gesundheitsprüfung überschneiden sich teilweise. Analog dem Begriff *Muskeln* suchen wir nach der Effektivität der Kraft des Denkens. Wir mögen feststellen, daß sie schwach ist oder ganz fehlt. Wir könnten zu dem Schluß kommen, daß das, was wie Kraft wirkt, lediglich eine Illusion ist, weil die Basis nicht stimmt. Die Gesundheitsprüfung sollte all dies umfassen und noch weiter gehen. Der Denkvorgang kann beispielsweise in sich kraftvoll, aber dennoch nicht für entsprechendes Handeln des Denkers geeignet sein.

Aktives Denken

Hier soll der Denker eine Wahl oder Entscheidung treffen oder einen Aktionsplan für ein Projekt (oder Problem) entwerfen. Beurteilung ist dabei sehr wichtig.

Zwei Fragen sollten gestellt werden:

1. Ist es gut in sich?
2. Ist es gut für mich?

Um abzuschätzen, ob eine Idee in sich gut ist, betrachten wir ihre Fundierung in Fakten oder Erfahrungen. Wir betrachten die Logik der Idee. Wir wägen die Risiken und Gefahren ab.

Beim Beurteilen einer Idee im aktiven Denken ist das Wichtigste, ihre Umsetzung gedanklich durchzuspielen, um zu sehen, was geschieht.

Auch wenn die Idee an sich gut und brauchbar ist, müssen wir nun prüfen, ob sie zu der Person oder den Personen paßt, welche damit umgehen müssen. Stimmen Zweck, Bedürfnisse, Wünsche, Prioritäten, Werte, Prinzipien usw. überein? Auch wenn in diesen Bereichen Übereinstimmung herrscht, müssen wir abschätzen, ob die Idee mit den verfügbaren Ressourcen zu vereinen ist, wie Geld, Zeit, Energie, Mitwirkende usw.

Der ausschlaggebende Faktor ist, sich selbst im klaren darüber zu sein, warum eine gewisse Entscheidung oder Wahl getroffen wird. Wenn Sie dies wirklich genau darlegen können, ist es wahrscheinlich, daß Sie die richtige Entscheidung treffen werden.

Reaktives Denken

Die Beurteilung beim reaktiven Denken betrifft sowohl das dem Denker unterbreitete Material als auch seine Gedanken darüber. Im reaktiven Denken basiert die Beurteilung auf dem Begriff Kraft. Wir untersuchen die Kraftbasis des Arguments. Wenn wir keine finden, können wir den Denkvorgang fallenlassen.

Zusätzlich zu dieser direkten Bewertung sollten wir auch im weiteren Sinne die Konsequenzen überdenken, falls wir eine gedankliche Linie akzeptieren – oder falls wir sie ablehnen. Was sind die Auswirkungen auf uns? Was ist unser Zweck? Welchen Zweck verfolgt der Initiator des Materials?

Im reaktiven Denken ist es besonders wichtig, auf Voraussetzungen und Werte zu achten. Es ist durchaus möglich, daß eine gedankliche Linie in sich schlüssig ist – vorausgesetzt, daß der Zuhörer oder Leser die gleichen Werte und Annahmen akzeptiert, die der Initiator vorstellt.

Also könnten die beiden Schlüsselfragen so lauten:

1. Was ist die Kraftbasis?
2. Was sind die Werte und Annahmen?

Ergebnis

Wenn Sie eine Gesundheitsprüfung des Denkens durchführen, müssen Sie nach ihrem Abschluß völlig überzeugt sein, daß dieses Denken *gesund ist.* Bleiben jedoch irgendwelche Zweifel, sollten Sie zusätzliche Untersuchungen vornehmen – so, wie es der Arzt tun würde.